ÉTUDES DE PHILOSOPHIE
ET DE CRITIQUE RELIGIEUSE

Science et Apologétique

PAR

A. DE LAPPARENT

de l'Académie des Sciences

Conférences faites à l'Institut Catholique de Paris

MAI-JUIN 1905

DEUXIÈME ÉDITION

PARIS
LIBRAIRIE BLOUD & Cie
4, RUE MADAME ET RUE DE RENNES, 59

Tous droits réservés

Science et Apologétique

ÉTUDES DE PHILOSOPHIE
ET DE CRITIQUE RELIGIEUSE

Science et Apologétique

PAR

A. DE LAPPARENT

de l'Académie des Sciences

Conférences faites à l'Institut Catholique de Paris

MAI-JUIN 1905

DEUXIÈME ÉDITION

PARIS
LIBRAIRIE BLOUD &
4, RUE MADAME ET RUE DE RENNES, 59

Tous droits réservés

DANS LA MÊME COLLECTION :

Preuves psychologiques de l'existence de Dieu. Leçons faites à l'Institut catholique de Paris (1889-1890), par l'abbé DE BLOGLIE, avec préface par Augustin LARGENT, chanoine honoraire de Paris. 1 vol. in-16. Prix : 3 fr. ; *franco*.............. 3 fr. 50

Du même Auteur. — **Les fondements intellectuels de la Foi Chrétienne.** Leçons faites à l'Institut Catholique de Paris. (1892-1893). 1 vol. in-16. Prix : 2 fr. 50. *franco*........................... 2 fr. 75

Le Mouvement Chrétien, *dans l'âme humaine, devant l'incrédulité, devant la science, devant la critique, devant les exigences sociales,* par J. GUIBERT P. S. S. Supérieur du Séminaire de l'Institut Catholique de Paris. 1 v. in-16. Prix : 3 fr. ; *franco* 3 fr. 50

La Préparation à la foi, par le R.P. Vincent MAUMUS. 1 vol. in-16. Prix : 3 fr. ; *franco*........ 3 fr. 50

PRÉFACE

Ce livre est la reproduction de six Conférences, faites en mai et juin 1905 à l'Institut catholique de Paris.

Convié à fournir sa contribution personnelle aux leçons d'Apologétique organisées dans cette maison, l'auteur a cherché à résumer, en même temps que le fruit d'une expérience déjà longue en matière d'enseignement scientifique, celui de la lecture des ouvrages où des maîtres autorisés ont passé les fondements de nos connaissances au crible de leur pénétrante analyse.

On trouvera donc ici de nombreuses réminiscences. Si la source n'en est pas toujours indiquée, c'est qu'il a paru inopportun de donner au livre les apparences d'une œuvre d'érudition. Mais l'auteur ne songe pas à s'en approprier le mérite, et ne revendique pour lui-même que la responsabilité des inexactitudes qui auraient pu lui échapper.

Une même tendance règne à travers toutes ces pages: c'est, avec un grand respect de la vérité, un vif désir de réconforter les esprits de bonne volonté qui nous liront, d'une part en les affermissant dans leurs convictions, d'autre part en les empêchant de tomber dans l'excès qui consisterait à discréditer la science, sous le prétexte qu'on a souvent tenté d'en faire un mauvais usage.

Parfois, dans le louable dessein de dissiper certains préjugés, ou de prévenir une infatuation possible, on s'attache trop volontiers à faire ressortir, jusqu'à l'excès, ce qu'il peut subsister d'indécision dans nos connaissances de tout ordre. Cette critique impitoyable, qui semble ne rien laisser debout, n'est pas le bon moyen pour garantir aux intelligences et aux volontés la direction ferme et sereine qui leur est si nécessaire. De ces tentatives, on risque de sortir troublé, désorienté, prêt à se demander où est la vérité, où est le devoir, et si même ces grands mots ne cacheraient pas de pures illusions.

Notre souhait est que, de cette série d'études faites de bonne foi, il se dégage une impression tout opposée; que non seulement les croyants y puissent trouver de nouveaux motifs de confiance; mais qu'à ce sentiment se joigne chez eux une saine appréciation de l'œuvre accomplie par tant de générations de travailleurs, en vue de la con-

naissance de l'ordre qui règne dans la Création. De cette manière, on évitera d'être injuste à l'égard de la science en lui infligeant la responsabilité de l'œuvre de destruction mal à propos entreprise en son nom; et peut-être du même coup se sentira-t-on la démarche mieux assurée pour la poursuite du labeur quotidien.

Il convient encore de faire observer que ces pages ne sont écrites ni par un théologien, ni par un philosophe. L'auteur y fait intervenir seulement des raisons scientifiques, qui n'ont aucune prétention à l'infaillibilité, et dont il a pu lui arriver de tirer des conséquences critiquables. Dans le cas où il aurait eu la mauvaise fortune de commettre des erreurs, susceptibles de nuire à l'objet qu'il avait en vue, il les désavoue d'avance; car son seul but, en répondant à l'appel qui lui était adressé, a été de rendre un témoignage utile à la grande cause qu'il a l'honneur de servir depuis trente ans; et s'il n'était pas trop ambitieux de s'approprier en cette circonstance la parole du grand Apôtre, il dirait volontiers: « Oportet illam crescere, me autem minui. »

INTRODUCTION

De tous les arguments par lesquels on s'efforce aujourd'hui d'ébranler les croyances religieuses, il n'en est pas dont le crédit soit mieux assuré, auprès du grand public, que celui des affirmations formulées au nom de « la Science ». Il suffit de prononcer ce mot magique pour éveiller un respect touchant presque à la superstition, surtout chez ceux qui n'ont jamais fréquenté en personne le domaine scientifique ; et ce respect n'a plus de bornes, lorsqu'au mot de science il est loisible de joindre l'épithète de « mathématique ».

Dire qu'une chose est *mathématiquement démontrée*, c'est lui conférer, aux yeux de la masse, une certitude supérieure à toute expérience. Si donc les objections présentées parvenaient à revêtir cette forme sacramentelle, ou du moins à faire croire qu'elles l'ont revêtue, la plupart des hommes inclineraient à les considérer comme indiscutables, tant les lois des mathématiques leur apparaissent comme nécessaires ; de sorte que, dans leur esprit, ces lois s'imposeraient avec la même force à la Toute-Puissance créatrice et au plus humble des mortels. De là, d'ailleurs, à considérer cette Toute-Puissance comme inutile, il n'y a qu'un pas ; et ce pas, beaucoup n'hésitent guère à le franchir.

Or le domaine des sciences dites exactes tend chaque jour à s'accroître, la forme mathématique étant nécessairement celle à laquelle aspire toute branche de nos connaissances parvenue à un suffisant degré de développement. En effet, lorsque le rapprochement méthodique des faits d'observation a réussi à mettre en évidence des rapports constants, c'est-à-dire des lois, un progrès de l'abstraction peut conduire à représenter ces lois par des expressions assez simples pour que les règles du langage mathématique y deviennent applicables. Dès lors le caractère d'infaillibilité et de nécessité primordiale qu'on attribue à ces règles rejaillit bien vite sur les choses qu'elles semblent gouverner ; de sorte que, de plus en plus, la notion d'une Toute-Puissance, distincte de l'Univers créé, risque d'être jugée superflue.

A la vérité, le nombre est encore assez petit des sciences qui ont traversé toutes les phases de l'évolution aboutissant aux mathématiques. La Mécanique est la seule dont on ait pu penser qu'elle en avait atteint le terme. L'Astronomie n'est mathématique, sous la forme de la Mécanique Céleste, qu'en tant qu'elle s'occupe de corps assez éloignés pour pouvoir être traités comme des points ; et si la Minéralogie, qui prend les objets concrets sous la forme la plus simple dont ils soient susceptibles, est parvenue, grâce à cette simplicité, à expliquer en langage mathématique les lois de la structure des cristaux, d'une part la formule qu'elle en donne aujourd'hui n'est pas à l'abri de toute controverse, comme les spécialistes ont fréquemment l'occasion de s'en convaincre ; et d'ailleurs ce privilège reste limité à un domaine restreint, celui des cristaux. La Physique mathématique n'en est plus à compter les remaniements qui se sont imposés à son édifice, et c'est à peine si le langage analytique commence à pénétrer dans quelques recoins de la Chimie, pendant que les sciences de la matière organisée en sont réduites à n'attendre que d'un très lointain avenir le moment où cet ordre d'idées leur deviendrait accessible.

Néanmoins cette évolution générale ne saurait être méconnue, et chaque jour y accuse un nouveau progrès. Des objets concrets, à quelque règne de la Création qu'ils appartiennent, on espère toujours qu'il sera possible de passer, par une analyse de plus en plus avancée, à ces abstractions auxquelles s'appliquent les concepts de la masse et du mouvement. L'étude des transformations de la matière pourrait alors devenir une pure question de mécanique, où n'apparaîtraient plus que les règles d'apparence immuable par lesquelles sont gouvernés les concepts de quantité, d'étendue et d'énergie.

Pour ce motif, et sans qu'on doive renoncer à discuter, chacune pour elle-même, toutes les objections qui cherchent à se couvrir du manteau de la science, il convient tout d'abord d'examiner de plus près les fondements du privilège de nécessité supérieure qu'on se plaît à reconnaître aux mathématiques. Est-ce que la science des nombres et celle de l'espace n'empruntent rien au monde réel, et s'imposent de telle façon que rien ne puisse se concevoir en dehors de ce qu'elles nous enseignent? Ou bien, sous leur aspect d'infaillibilité, ne cachent-elles pas quelque caractère de contingence, par où elles se trouveraient liées à la réalité objective, mais sans exclure en aucune façon la possibilité logique de combinaisons autres que celles dont elles font journellement usage ? Même, pour mieux dire, ne seraient-elles pas surtout un admirable langage, le plus parfait qu'on puisse rêver pour raconter l'expérience ; langage imaginé par la raison créatrice, qui a soumis à son empire des concepts dont l'idée lui était fournie par le monde environnant, mais qu'elle n'a point tirés d'elle-même et dont la nécessité n'aurait rien d'inéluctable ?

La question n'est pas de médiocre importance. Trop souvent on s'est plu à mettre la religion en face de la science, en répétant « Ceci tuera Cela », formule empruntée à un poète, qui pourtant avait moins qualité que personne pour se faire l'interprète de « Ceci ». On ne saurait donc trouver mauvais que ceux qui ont de graves raisons de tenir à « Cela » se montrent exigeants au sujet des titres réels de l'adversaire qu'on lui oppose, et tiennent avant tout à vérifier ses papiers ; non pour diminuer le légitime crédit que mériteront toujours les conséquences logiquement déduites d'une série d'expériences bien faites ;

mais pour dépouiller, s'il y a lieu, certaines notions scientifiques du caractère d'absolue nécessité, qui entraînerait à leur égard un respect frisant l'idolâtrie.

La tâche que nous entreprenons ici n'est d'ailleurs pas nouvelle, et d'éminents esprits l'ont abordée avec une supériorité qui simplifiera grandement notre rôle. C'est ainsi que, dès le début, nous nous plaisons à rappeler l'appréciation de celui qui, de nos jours, est assurément le mieux qualifié pour parler au nom des mathématiques, puisque nul n'en possède mieux tout l'ensemble et ne leur a fait faire de plus grands progrès. Nous voulons parler de M. H. Poincaré. Voici dans quels termes il résume l'objection à réfuter (1) :

« Pour un observateur superficiel, la vérité scientifique est hors des atteintes du doute ; la logique de la science est infaillible et, si les savants se trompent quelquefois, c'est pour en avoir méconnu les règles.

« Les vérités mathématiques dérivent d'un petit nombre de propositions évidentes par une chaîne de raisonnements impeccables ; elles

(1) *La Science et l'hypothèse*, pp. 1 et 2.

s'imposent non seulement à nous, mais à la nature elle-même. Elles enchaînent pour ainsi dire le Créateur et lui permettent seulement de choisir entre quelques solutions relativement peu nombreuses. Il suffira de quelques expériences pour nous faire savoir quel choix il a fait. De chaque expérience, une foule de conséquences pourront sortir par une série de déductions mathématiques, et c'est ainsi que chacune d'elles nous fera connaître un coin de l'Univers.

« Voilà quelle est, pour bien des gens du monde, pour les lycéens qui reçoivent les premières notions de la physique, l'origine de la certitude scientifique. Voilà comment ils comprennent le rôle de l'expérimentation et des mathématiques. C'est ainsi également que le comprenaient, il y a cent ans, beaucoup de savants qui rêvaient de construire le monde en empruntant à l'expérience aussi peu de matériaux que possible. »

La thèse ainsi posée, examinons ce qu'il convient d'en penser, nous excusant, avant toute chose, des efforts d'abstraction auxquels devront s'assujettir ceux qui voudront bien nous suivre, comme aussi des imperfections difficiles à éviter, dans un exposé au service duquel il aurait fallu pouvoir mettre une compétence personnelle moins incomplète.

Deux notions fondamentales dominent les mathématiques : celle du *nombre* et celle de l'*étendue*. D'où nous viennent-elles ? C'est ce que nous allons rechercher ; et parce que la seconde est la moins abstraite, c'est par elle que nous commencerons.

CHAPITRE PREMIER

LES CONCEPTIONS DE LA GÉOMÉTRIE

§ 1. — *Les concepts de l'étendue.*

La première sensation qu'éveille en nous le spectacle du monde extérieur est celle de l'existence d'objets, distincts les uns des autres comme de nous, et occupant des places inégales dans le tableau qui s'offre à nos yeux. Ce tableau, la science nous apprend qu'il correspond à une véritable image, réellement projetée sur notre rétine, avec toutes ses couleurs, comme la peinture délicate qu'on voit se former sur le verre dépoli de la chambre obscure dans un appareil de photographie. Chacun des objets qui composent cette image affecte une portion distincte de notre rétine, en même temps qu'il lui fait subir, selon sa couleur, une impression déterminée, différente en ampleur, en intensité et en qualité pour chaque objet.

D'autre part, l'expérience nous a appris que

nous pouvions approcher de la plupart des objets qui excitent en nous ces impressions ; que, dans ce cas, il nous est possible de les toucher, souvent de les déplacer, de façon à les isoler les uns des autres. De la sorte, et en mettant à part les circonstances spéciales qui engendrent les illusions d'optique, la réalité de ces objets ne fait généralement pas de doute pour nous ; non leur réalité absolue ; car l'absolu n'est pas de ce monde ; mais leur réalité par rapport à nous, la seule qui nous importe et sur laquelle nous ayons prise ; réalité qui s'affirme par ce consentement universel, en vertu duquel, mis en présence d'un même objet, tous les hommes éprouveront des impressions sensiblement identiques, à moins que leur cerveau ne soit dérangé, ou que chez eux les organes des sens ne se trouvent affectés de graves lésions.

Ainsi naît en nous la sensation de corps réels et distincts, dans la connaissance desquels il s'agit de pénétrer plus intimement.

Ces corps peuvent différer les uns des autres par mille détails ; mais de la vue de tous sans exception se dégage une même notion abstraite, celle de l'*étendue* qu'ils occupent, d'abord par rapport à nous, ensuite les uns relativement aux autres. Notre dimension propre, qui limite la prise directe que nous avons sur les objets, nous porte tout d'abord à reconnaître si ces corps occupent plus ou moins de place que nous. Seulement tous ne se prêtent pas avec une égale facilité à cette évaluation.

Il en est parmi eux de changeants, de mobiles, comme les fluides, dont la définition peut être incertaine ou difficile. Pour d'autres, au contraire, les impressions qu'ils produisent sur nos sens sont telles, qu'au moins dans un premier aperçu, ils nous paraissent à tout moment identiques. C'est sur ceux-là que devra se préciser la notion d'étendue. D'ailleurs, à cette perception visuelle constante, le toucher en ajoute une autre corrélative : celle de la *solidité*, en vertu de laquelle les corps en question n'éprouvent, par le contact de nos doigts, aucune déformation appréciable. Ainsi s'établit dans notre esprit la notion abstraite de *corps solides,* que nous pouvons, quand ils sont maniables, déplacer sans que rien absolument paraisse changé en eux.

A la vérité, cette abstraction s'éloigne de la réalité expérimentale. Une science plus avancée nous obligerait à reconnaître que tout corps qu'on déplace est exposé à se déformer sous l'action de la pesanteur ; que la température, à tout moment variable, ne cesse d'en modifier les dimensions ; que les oscillations incessantes de l'humidité, de la pression barométrique, de l'état électrique, etc., peuvent produire des effets analogues ; enfin que la substance même de l'objet ne reste pas immuable.

Mais ces effets sont généralement négligeables dans un premier examen, surtout pour certaines catégories de corps solides, tels que les blocs de pierre employés dans les constructions. Ainsi se légitime la comparaison que nous sommes bien vite conduits à faire entre ces corps solides, supposés invariables, en les considérant uniquement au point de leur ampleur réciproque, abstraction faite de toutes leurs autres qualités. C'est vraiment par eux que nous arrivons à la claire notion de l'*espace*, ce qui fait qu'on n'a pas hésité à proclamer que, sans les corps solides, il n'y aurait pas de géométrie.

C'est ainsi qu'à la base même de la science de l'étendue, nous rencontrons la notion intuitive de *stabilité*, par laquelle notre esprit commence à substituer un monde idéal à celui que nos sens perçoivent directement. Grâce à cette stabilité, réalisée d'une manière suffisante par les corps solides, les figures des objets vont nous apparaître comme susceptibles de définition et de mesure ; c'est à cette opération que les yeux vont tout d'abord s'appliquer.

En face d'un bloc de pierre, par exemple, nos regards auront tout d'abord à se porter de gauche à droite ou inversement, pour obtenir successivement la vision directe de tous les éléments d'une même bande parallèle à la ligne horizontale de nos deux yeux. Ensuite nous promènerons notre vue de bas en haut, pour apercevoir distinctement tous les éléments d'une bande parallèle à l'axe vertical de notre corps. Et si l'on nous dit que cette seconde perception met en jeu des muscles un peu différents de ceux qui gouvernaient le mouvement de gauche à droite, nous qui savons que le solide invariable peut subir un retournement, de façon à substituer exactement les bandes horizontales aux bandes verticales, nous aurons le droit de ne faire absolument aucune distinction entre les deux catégories d'impressions, qui engendreront dans notre esprit la notion abstraite de *deux dimensions*, à savoir la *longueur* et la *hauteur*.

Ce n'est pas tout : le corps est souvent de grandeur telle, que toutes ses parties visibles dans une même direction ne puissent pas être mises au point du même coup. Ces parties sont, comme l'expérience nous l'apprend rapidement, à des distances différentes du plan de nos deux yeux, lesquels, pour les bien considérer, doivent *s'accommoder* successivement, par une inconsciente modification de la courbure de leurs lentilles, à ces variations de distance.

C'est encore l'expérience qui nous autorise à mettre cette nouvelle catégorie d'efforts organiques en rapport direct et constant d'équivalence avec ceux que nous aurions à faire pour regarder de côté le corps que nous avons commencé par envisager de face. Ainsi nous est fournie la notion d'une troisième dimension, de nature identique avec les précédentes, celle de la *profondeur*.

Jusqu'à présent nous n'avons fait intervenir que le sens de la vue. A son témoignage vient s'en ajouter un autre, celui de l'effort qu'il nous en coûterait pour parvenir, en marchant devant l'objet, à délimiter la distance qui sépare deux bandes extrêmes, soit de face, soit de côté, en supposant encore l'objet renversé pour amener une quelconque de ses dimensions à la place d'une autre. Enfin une impression relative du même ordre nous serait fournie par l'effort musculaire nécessaire pour embrasser le corps suivant chacune des dimensions entrevues.

En un mot, diverses séries de sensations homogènes, formant toujours un groupe de trois, et se contrôlant les unes les autres, nous donnent la connaissance de l'étendue occupée par un solide invariable, dans le monde que nous habitons. Alors, par une abstraction très hardie, mais rendue facile par l'habitude, nous cessons de nous occuper de la matière propre du corps, pour ne considérer que la place qu'il occupe. C'est là ce qui constitue le caractère essentiel de la Géométrie. Comme on l'a très bien dit (1) : « A l'inverse de la mécanique, qui, dans les phénomènes de translation, néglige la forme des corps et ne retient que la masse, la géométrie ignore la masse et ne retient que la forme, qu'elle suppose invariable après la disparition de la matière. » Elle retire d'un corps « ce qui le constitue, ce par quoi il existe, et spécule sur une sorte de fantôme. »

L'ensemble qui sert de cadre à tous ces fantômes devient l'*espace* géométrique. Nous n'avons pas ici à nous occuper de la réalité objective de l'espace ; c'est une épineuse question, qu'il faut laisser aux métaphysiciens. Pour nous, l'espace est le lieu des corps ou, pour parler plus exactement, le lieu des figures abstraites par lesquelles notre esprit les a remplacés. De ces figures, les plus simples sont celles que nous suggère la vue de blocs de pierre régulièrement taillés. Non seulement leur matière les rend pratiquement invariables ; mais les mouvements que nous avons à faire pour en apprécier l'étendue sont les plus simples que nos organes puissent exécuter. C'est

---

(1) De FREYCINET, *de l'Expérience en Géométrie*.

par eux que se précise définitivement la notion des trois propriétés similaires qui permettent d'apprécier l'importance d'une figure ; importance qui, dans ce cas, va plus loin que la figure elle-même ; car les efforts nécessaires pour l'évaluation des dimensions fournissent, pour une même nature de pierre, un aperçu très net du travail qu'exigera le maniement du bloc. Et parce que la définition d'un tel corps nous apparaît comme complète, quand nous savons combien il comporte de longueur, de hauteur et d'épaisseur, nous avons le droit de dire que le lieu des figures, tel qu'il nous est révélé par l'expérience, est *à trois dimensions*, et trois seulement.

Mais il faut pénétrer plus avant dans la connaissance de cet espace géométrique. Deux corps, faits identiquement de la même substance et possédant le même volume, c'est-à-dire exigeant le même effort global pour être déplacés, peuvent différer grandement l'un de l'autre par leur *forme* extérieure ; et cette différence est de nature à les rendre très inégalement maniables. Il importe donc de définir cette forme, en demeurant toujours, pour plus de simplicité, dans le cas d'un solide pratiquement invariable, tel qu'un bloc de pierre.

Le bloc nous apparaît comme limité par des *contours*, qui peuvent n'avoir pas d'existence réelle, en tant que lignes susceptibles d'être touchées et suivies sans incertitude avec le doigt, mais qui n'en correspondent pas moins très exactement aux contours des images peintes sur notre rétine.

De plus, le bloc semble brusquement terminé, relativement au milieu ambiant, par ce qu'on appelle sa *surface*. Si le bloc a été bien dressé et surtout poli, il apparaîtra que cette surface est très facile à définir, et qu'elle établit une séparation absolument tranchée entre la matière du corps et le milieu environnant.

Sans doute ce n'est qu'une apparence. Le microscope révélerait une foule d'inégalités dans ces faces qui nous semblent si bien aplanies; et à mesure que le grossissement augmenterait, nous nous sentirions de plus en plus embarrassés pour dire où commence réellement le corps. L'embarras serait incomparablement plus grand si, au lieu d'un bloc de pierre, nous avions affaire à une matière fluide.

Mais il nous est loisible de faire abstraction de ces inégalités, et de supposer une matière *idéale*, non seulement d'une invariabilité absolue, mais tellement parfaite qu'il n'y ait pas à hésiter sur sa limitation d'avec le milieu ambiant. La portion de l'espace, dépourvue de toute épaisseur, où s'accomplirait cette séparation, sera, non pas une pellicule, mais une *apparence de pellicule* (1), que nous appellerons la surface géométrique du corps. Suivant la forme et les aspects du solide considéré, les parties de cette surface se présenteront à nous comme limitées par des *lignes*, qui pourront être droites, brisées ou courbes. Ainsi la définition des formes extérieures du corps fera naître dans notre esprit deux sortes d'abstractions : les *lignes*, qui, idéalisées, n'auront qu'une dimension, et les *surfaces*, qui en auront deux ; le tout limitant un *volume*, qui en a trois.

Ni les lignes ni les surfaces ne sont réelles, et on ne peut à aucun degré les matérialiser, puisque toute matière s'offre à nous avec trois dimensions. Ce sont des abstractions, mais qui n'ont rien d'arbitraire; car elles ne font qu'idéaliser les concepts nés de l'expérience.

On peut donc dire que, pour construire l'édifice de la science de l'étendue ou géométrie, on commence par choisir, entre tous les objets de nos connaissances, les plus nets de tous, c'est-à-dire les solides pratiquement invariables. A vrai dire même, on a procédé plus simplement encore, puisque la géométrie, comme son nom même l'atteste, est née des besoins de l'arpentage, imposé de bonne heure par la nécessité de délimi-

---

(1) De Freycinet, *op. cit.*, p. 14.

ter les propriétés, et qu'ainsi on a dû considérer d'abord les éléments à une et à deux dimensions. Après quoi, pour définir les volumes en vue des transactions, il a fallu porter son attention sur les solides, en commençant par les moins compliqués. Ces solides, on les a supposés parfaits, c'est-à-dire absolument exempts de tout changement capable d'affecter leurs formes.

Alors a commencé un nouveau travail d'idéalisation, ayant pour but la définition de leur figure, et dont le premier terme est l'oubli des rugosités qui peuvent déparer leur surface. « Nous supposons qu'un polissoir supérieurement délicat les a fait disparaître et a amené la surface à ce degré d'uni et de régulier dont l'extérieur d'une bulle de savon ou les faces de quelque cristal modèle peuvent nous donner l'idée. Quant aux lignes, intersections de telles surfaces, nous les voyons avec cette finesse et cette pureté parfaite dont approchent les vives arêtes du cristal, ou la courbe harmonieuse d'un fil très délié suspendu par ses deux extrémités (1). »

Une fois idéalisées les notions de lignes et de surfaces, la tâche de la géométrie a consisté à définir les rapports mutuels de ces conceptions, abstraites à la vérité, mais déduites en principe

---

(1) De Freycinet, *op. cit.*, p. 18.

de l'observation. Dans la définition de ces rapports, un double devoir s'imposait : d'abord celui de ne heurter aucune vérité d'expérience ; ensuite l'obligation de respecter les règles qui, en toute circonstance, gouvernent l'activité de notre esprit, et au premier rang desquelles figure toujours le *principe de contradiction;* conséquence d'une nature intimement pénétrée du sentiment de l'*ordre* qui doit régner dans les choses, et que blesserait profondément toute proposition capable d'impliquer l'identité des contraires.

§ 2. — *L'origine des axiomes géométriques.*

Faisons maintenant quelques pas de plus dans la connaissance des abstractions géométriques. La notion expérimentale des lignes et des surfaces nous est fournie de différentes façons ; mais elle prend une clarté particulière lorsque nous nous rendons compte du chemin à suivre, sur un sol aussi peu inégal que possible, pour atteindre un objet déterminé, sans qu'il y ait sur le trajet d'obstacles qu'il faudrait contourner.

En premier lieu il existe en nous, en vertu de notre conformation même, un sentiment très net de la *direction* suivant laquelle sera réalisé le moindre effort de parcours. Il faut pour cela que notre regard ne quitte pas un instant une partie déterminée de l'objet à atteindre, assez petite pour que sa surface nous paraisse négligeable et se réduise pratiquement à ce qu'on appelle un *point*. Ce sera, comme on dit en théorie militaire, le *point de direction*; et un instinct sûr nous avertit que si cette condition de visée constante est satisfaite sans que les yeux aient à effectuer aucun mouvement, ni de droite à gauche, ni de haut en bas, le rêve de l'effort minimum sera obtenu.

La nature nous offre, à la solidité près, la représentation de ce chemin idéal, dans la surface libre d'une nappe d'eau en repos, sur laquelle un esquif bien dirigé permettrait de suivre la trajectoire convoitée. D'autre part, il n'y a pas de différence appréciable entre ce plan d'eau parfait et la superficie des grandes plaines à niveau constant, qui si souvent accompagnent le rivage de la mer ou des lacs. C'est en cheminant dans ces conditions que nous sommes amenés à l'idée du *plan*, surface dépourvue d'inégalités comme de courbure, où le travail de la marche se réduit au seul effort de déplacement, fonction de la distance, sans que la pesanteur intervienne, puisqu'il n'y a ni montée ni descente.

Si, en deux points d'une telle plaine bien unie, on plante des piquets, et que, de l'un à l'autre, une corde partant du pied soit fortement tendue, nous verrons que, sur toute sa longueur, cette corde s'appuie sur le sol, quelque position que le second piquet occupe par rapport au premier. Enfin nous nous assurerons sans peine que, pour aller d'un point à un autre de la plaine, le moindre parcours est celui qui suit le plus fidèlement la corde tendue ; car c'est ainsi qu'on aura le moins de pas à faire, et c'est de cette manière qu'on dépensera le moins de corde pour établir une liaison entre les deux extrémités.

A présent idéalisons ces diverses notions. Réduisons chacun des deux piquets de départ et d'arrivée à ne toucher la surface que par une pointe assez fine pour que l'œil soit impuissant à lui attribuer des dimensions ; à la limite, cette aire indiscernable deviendra un *point géométrique*. Diminuons aussi l'épaisseur de la corde, de façon qu'elle échappe à toute mesure et admettons que, grâce à son immatérialité, la corde ainsi réduite n'ait plus à compter avec la déformation que la gravité infligerait à tout fil tendu. A la limite, nous aurons cette abstraction qui s'appelle une *ligne droite*. Nous verrons clairement que, d'un point à un autre, nous ne pouvons concevoir qu'une seule représentation de cet idéal ; qu'elle marque incontestablement la plus courte distance des deux points ; et ainsi se trouveront posés, au bénéfice de ces concepts abstraits, mais toujours déduits de l'expérience, les premiers axiomes fondamentaux de la géométrie plane.

Comme d'ailleurs notre cordeau, promené sur toute l'étendue de la plaine supposée parfaite, ne cessera pas de s'y appliquer tout entier, nous connaîtrons le mode de génération, par une droite sans cesse appuyée sur deux autres concourantes, de cette surface qui réalise le maximum de simplicité. De la même manière, nous voyons une baguette droite de bois, jetée sur une nappe d'eau tranquille, y flotter de toute sa longueur, dans quelque sens qu'on la dirige.

D'ailleurs il est d'autres genres d'observations qui sont en mesure de nous fournir des représentations très nettes de la ligne droite. Les unes resplendissent d'elles-mêmes, comme le rayon de lumière qui, pénétrant par l'ouverture étroite d'un volet dans l'atmosphère poussiéreuse d'un lieu obscur, dessine de façon éclatante la route la plus courte entre ses deux extrémités ; ou bien comme la pierre qu'on laisse tomber du haut d'une tour, et la corde qui soutient un poids suspendu.

D'autres représentations réclameront un peu plus d'effort pour être nettement perçues, mais fourniront en revanche une notion plus délicatement géométrique. Ainsi, quand nous imprimons un mouvement de rotation à un corps solide, en fixant deux de ses points entre nos doigts, si le corps est assez résistant pour que ce mouvement ne lui inflige aucune déformation, il nous apparaît bien vite que la ligne menée d'un doigt à l'autre ne participe pas au mouvement. Si donc, entre ces deux points, on peut introduire dans le corps une aiguille rectiligne qui ne cesse pas d'être rigide, le corps continuera de tourner autour de cet axe, lequel au contraire, demeurera immobile. L'idéalisation de cette notion nous fera envisager la ligne droite comme le lieu des points immobiles dans un solide invariable soumis à une rotation. Enfin, quand nous voudrons fabriquer un instrument qui nous permette de tracer un trait aussi voisin que possible d'une droite idéale, instrument qu'on appelle une règle, sa perfection nous sera démontrée si, par le retournement de la règle autour de son arête, nous continuons à obtenir le même tracé. Ici la conception de l'axe de rotation se révèle comme identique avec celle du plus court chemin entre deux points.

Ainsi, à tout moment, l'expérience intervient pour nous guider dans la définition des abstractions de l'espace. D'ailleurs le rôle de l'observation ne se borne pas à fournir le substratum d'où les concepts géométriques sortiront par simple idéalisation. Nous la retrouverons encore à la base de bon nombre des théorèmes qui établissent les rapports mutuels des abstractions ainsi obtenues.

Par exemple, que signifient les démonstrations comme celles où, pour prouver l'égalité de deux figures planes, possédant certains éléments identiques, on les transporte l'une sur l'autre en faisant coïncider les éléments égaux par hypothèse? Ne semble-t-il pas que cette démonstration ne puisse avoir de sens, si elle s'applique uniquement à des abstractions? On ne transporte pas une chose qui n'a pas d'existence réelle. Évidemment le raisonnement employé implique cette sanction expérimentale, qui consisterait à imaginer deux figures matérielles satisfaisant aux conditions indiquées, et à vérifier qu'elles se superposent exactement.

Il est bien vrai qu'une vérification *absolue* n'est pas faisable. La figure transportée risque de se déformer; la matière dont elle serait constituée n'est pas invariable. La pesanteur, la chaleur, l'humidité peuvent altérer ses dimensions et agir aussi, dans une mesure différente, sur la figure de comparaison. Quelque exactitude qu'on se soit efforcé d'apporter dans la construction, l'égalité des éléments réputés identiques n'a pu être réalisée que dans les limites permises par l'imperfection des instruments. Enfin, les objets étant matériels, la superposition des éléments correspondants laissera toujours prise à quelque incertitude, d'autant plus apparente que, pour la constater, on emploiera des moyens plus délicats.

Il n'importe ! On conçoit clairement qu'avec une matière convenable et des appareils bien construits, on obtiendrait de fait une coïncidence de plus en plus complète, et on a pleinement le droit de penser qu'à la limite, c'est-à-dire dans les conditions où l'expérience réelle n'est plus faisable, et où la figure devient une abstraction, cette coïncidence ne comporterait plus la moindre défectuosité.

Néanmoins, nous le répétons, la démonstration paraît vide de sens, si elle ne s'appuie pas sur la possibilité d'une vérification matérielle, et la même chose peut se dire de beaucoup d'autres raisonnements usités en géométrie. Partout nous retrouvons ce support expérimental, qui nous guide dans nos abstractions et en fait sortir, par le sentiment de l'ordre et le concept de l'idéal, des propositions s'imposant à toutes les intelligences.

Ce n'est pas tout. A ces notions fondamentales vient s'ajouter, en vertu de la conformation de notre esprit, celle de l'*infini*. L'expérience nous a appris comment, à l'aide de jalons se projetant exactement les uns sur les autres, il nous est loisible de prolonger, aussi loin que nous voulons, une ligne droite tracée entre deux points. Par une tendance intime, aussi naturelle que celle qui nous impose l'idée d'ordre, nous n'admettons pas qu'il puisse y avoir de limite à cette faculté de prolongation. La ligne droite et, avec elle, le plan que son mouvement engendre, nous apparaissent donc comme susceptibles de s'étendre à l'infini.

De cette conception nouvelle, essentiellement géométrique, il en découle une autre, celle du *continu*. L'expérience, de même qu'elle nous interdit, à cause de la dimension finie de notre terre, de prolonger très loin une ligne matérielle, ne nous permet pas non plus de réaliser la division d'un objet au delà d'une certaine limite, imposée par la faiblesse de nos sens, même aidés par des instruments qui en étendent la puissance.

Pourtant nous nous refusons à admettre que la division théorique de cette abstraction qui s'appelle l'étendue ne puisse pas être indéfiniment poursuivie. Il le faut d'ailleurs, comme l'a bien montré M. Poincaré, pour lever la contradiction que fait naître en nous l'impression évidemment trompeuse du *continu physique*.

Supposons trois longueurs successives, chacune différant de la précédente d'un cinquième de millimètre, et admettons que le quart de millimètre constitue la limite des différences perceptibles à l'œil. Dès lors nous ne pourrons distinguer ni la première longueur de la seconde, ni la seconde de la troisième, alors qu'il nous sera cependant possible de ne pas confondre les deux extrêmes.

Mais un principe qui s'impose à notre esprit nous dit que deux grandeurs égales à une troisième sont égales entre elles. Comment donc, si la seconde longueur paraît égale à chacune des deux autres, celles-ci peuvent-elles différer? Cette contradiction ne peut-être levée que par la conception du *continu géométrique*, qui établit le passage graduel de l'une à l'autre par une suite indéfinie d'intermédiaires, qu'aucune sensation ne peut nous révéler. De cette manière, la notion de l'*infiniment petit* coexiste avec celle de l'*infiniment grand*.

Ces notions sont, selon les termes de M. Poincaré (1) « l'affirmation de la puissance de l'esprit, qui se sait capable de concevoir la répétition indéfinie d'un même acte dès que cet acte est une fois possible. L'esprit a de cette puissance une *intuition directe* et l'expérience ne peut être pour lui qu'une occasion de s'en servir et par là d'en prendre connaissance. »

Si cette expérience ne peut porter que sur des choses finies, en revanche elle ne saurait limiter

---

(1) *Op. cit.*, p. 24.

le champ de nos abstractions. Seulement celles-ci, à partir du moment où cesse toute vérification possible, deviennent du même coup indémontrables.

Tel doit être précisément le cas du dernier des axiomes fondamentaux de la géométrie, le célèbre *postulatum d'Euclide*. Sous la forme, plus claire que celle de l'origine, qui lui est aujourd'hui donnée dans l'enseignement, ce postulatum consiste à dire que *par un point on ne peut mener qu'une seule ligne droite parallèle à une ligne droite donnée*, c'est-à-dire située dans le même plan que le point et la droite, et ne rencontrant jamais celle-ci, quelque loin qu'on la prolonge.

Personne n'ignore que ce *postulatum* a exercé de temps immémorial la subtilité des géomètres. Un grand nombre se sont successivement acharnés à montrer qu'on pourrait le déduire logiquement de quelque autre proposition plus simple, et telle est la délicatesse de ces matières que plus d'un esprit distingué a pu se flatter un moment d'y avoir réussi.

Mais une analyse rigoureuse a toujours fini par montrer qu'on avait été dupe de quelque illusion, et enfin un jour est venu où le géomètre Lobatcheffsky a établi qu'il était absolument impossible de donner du postulatum une démonstration uniquement basée sur des axiomes antérieurs (1). Depuis lors, comme dit plaisamment M. Poincaré, l'Académie des Sciences ne reçoit plus guère que deux ou trois fois par an des essais de chercheurs obstinés, qu'un tel verdict n'a pas réussi à décourager.

Comment donc faut-il envisager ce postulatum, dont la combinaison avec les autres axiomes suffit à engendrer tout l'édifice de la géométrie euclidienne? Le temps n'est plus où, avec Kant, on pouvait encore le regarder comme une proposition nécessaire, un *jugement synthétique à priori*.

La thèse n'est plus soutenable, depuis qu'on a réussi à construire, sans se heurter à aucune contradiction, des géométries qui repoussent ce principe.

Quelques-uns disent : c'est un pur résultat d'expérience, une formule dans laquelle se résume la quintessence des propriétés de l'étendue réelle. D'autres, au contraire, affirmeront que c'est une simple *convention*, une *définition déguisée*. Seulement elle ne serait pas tout à fait arbitraire, et notre esprit, resté libre sans autre limite que la nécessité d'éviter toute contradic-

---

(1) La même démonstration a été fournie par le Hongrois Bolyai.

tion, se serait laissé *guider* dans son choix par les faits expérimentaux (1).

Dans cette dernière conception, on admettrait que les mérites particuliers de la géométrie dite euclidienne seraient « d'abord d'être la plus simple en soi, ensuite de s'accorder assez bien avec les propriétés des corps solides naturels, ces corps dont se rapprochent nos membres et notre œil et avec lesquels nous faisons nos instruments de mesure. » Mais, en fait, on ne devrait voir là que des conventions, appliquées à des abstractions dont l'idée seule nous est suggérée par l'expérience.

Il faudrait vraiment beaucoup de témérité pour prendre position dans un tel débat. Si peu qu'on s'y aventure, on demeure effrayé à la vue des difficultés contre lesquelles on se heurte à chaque pas. Aussi nous paraît-il prudent de laisser la dispute se poursuivre entre les rares esprits qui savent se hasarder dans le voisinage de l'absolu, au contact duquel le commun des mortels prend facilement le vertige.

C'est pourquoi nous inclinons à nous contenter ici d'une solution éclectique, inspirée de l'idée qu'en somme la géométrie doit être faite en vue de l'humanité présente, plutôt que pour quelque

---

(1) POINCARÉ, *op. cit.*, p. 66.

race supérieure à venir, dans l'intérêt de laquelle une initiative trop généreuse nous pousserait à dépenser ici-bas de grands efforts intellectuels.

A ce point de vue, il est permis de se demander s'il n'est pas dangereux de porter devant le public une trop subtile dissection des fondements de nos connaissances, au lieu de la réserver au très petit cénacle où ces matières peuvent être agitées, parce que la valeur des termes ne risque pas d'y être mal comprise. En mettant trop de monde dans la confidence de ces hautes spéculations, on s'expose à provoquer une sorte d'ahurissement, dont l'effet, dépassant de beaucoup la mesure qu'on se proposait de garder, pourrait être de jeter, sur des notions très saines, un discrédit immérité.

Pour qui n'est pas préparé à analyser la suprême quintessence des choses, il paraîtra toujours un peu brutal d'entendre qualifier de « conventions » et de « définitions déguisées » des règles qu'on n'aurait pu concevoir différentes, sans introduire une complication qu'aucune cause prochaine ne justifiait, et sans se placer volontairement en dehors ou à côté du monde réel. Ce n'est peut-être qu'une affaire de mots, mais les mots ont leur importance ; et puisqu'on admet que ces règles s'inspirent de l'expérience, ne ferait-on pas œuvre sage de se contenter pour elles de ce que Lobatcheffsky a appelé la *certitude empirique*, sans leur faire grief de n'avoir pas un degré de réalité supérieur à celui que nous pouvons revendiquer pour nous-mêmes?

C'est dans cet esprit que M. de Tilly (1), l'éminent géomètre belge, a pu écrire : « J'admets parfaitement que l'on place au début de la géométrie des postulatums ou des hypothèses ; mais comme ils ne peuvent pas avoir été choisis au hasard, il faut admettre qu'on y a été amené par l'expérience, et il n'y a aucun inconvénient à l'avouer, ni même à le faire remarquer. L'hypothèse ou le postulatum idéalise en quelque sorte le résultat de l'expérience, qui sans cela manquerait de précision ou ne renfermerait que des pétitions de principe.

« En résumé, que les faits servant de base à la géométrie s'appellent principes, expériences, hypothèses, axiomes ou postulatums, je n'y vois pour ma part que bien peu de différence. »

Après tout, si le postulatum d'Euclide, vérifié par l'accord avec l'expérience dans toutes les circonstances où l'homme a pu se placer, échappe à une démonstration rigoureuse, n'est-ce pas parce que la notion de *parallélisme*, qui éloigne à l'infini la rencontre possible de deux droites,

(1) *Bulletin de la Classe des Sciences de l'Académie royale de Belgique*, 2ᵉ série, XXXVI, p. 139.

fait appel à une conception que notre esprit juge nécessaire, mais que l'observation sera toujours impuissante à contrôler? C'est Riemann qui a écrit : « Lorsqu'il s'agit d'étendre les déterminations empiriques dans l'immensurablement grand ou dans l'immensurablement petit, les rapports métriques peuvent devenir de plus en plus inexacts dès qu'on sort des limites d'observation (1). » La même idée a fait dire (2) : « Toute définition des données premières de la géométrie, représentant nos intuitions, ne vaut que pour un champ fini, et il faut postuler le droit d'en étendre l'application à l'infini. »

Il est certain que cette extension peut n'être pas toujours légitime, et qu'il y a des cas où le témoignage de nos sens est de nature à nous induire en erreur sur la portée de ce qu'ils nous apprennent. Imaginons un être comme nous, jeté sur une sphère absolument unie, d'un rayon beaucoup plus grand que celui du globe terrestre. En allant droit devant lui, il croira suivre une ligne droite, quand par le fait il suit un grand cercle, et s'il n'a pas laissé au point de départ un signe qu'il puisse reconnaître en y repassant, il sera persuadé qu'il chemine sur un plan sans limites.

(1) *Œuvres* de Riemann, traduction Laugel.
(2) Carra de Vaux, *Revue de Philosophie*, 1902, p. 80.

Concevons encore que, sur le même globe immense, la vie de cet être pensant doive s'écouler à l'Equateur, dans les limites d'une île étroite, allongée de l'est à l'ouest. La portion d'équateur embrassée par le grand axe de l'île ne différera pas, pour l'île en question, d'une ligne droite parfaite. Les divers méridiens, coupant cette ligne à angle droit, et apparaissant aussi comme rectilignes, seront réputés rigoureusement parallèles. Pourtant nous savons que, sur une sphère, tous les méridiens viennent se couper aux deux pôles. Ce n'est qu'en sortant assez loin de son domaine que l'être pensant pourrait être amené à le soupçonner. L'expérience même qui nous révèle la convexité de la surface océanique, c'est-à-dire la diversité des aspects d'un navire approchant de la côte, et laissant voir le haut des mâts bien avant que la coque soit visible, cette expérience, disons-nous, pourrait ne rien apprendre à l'être imaginé. Il suffirait en effet que les objets, en raison de leur éloignement, dussent cesser d'être perceptibles avant que la courbure, moins prononcée puisque le rayon est incomparablement plus grand, fût en état de faire sentir son influence.

Encore s'agit-il ici d'hypothèses plus ou moins fantaisistes; mais il est aisé de voir qu'une illusion analogue peut se trouver, et même se trouve en fait, à la base de nos conceptions les plus habituelles. Le rayon de lumière, qui semble nous offrir le type du parcours rectiligne, suit une ligne courbe en raison de l'inégale densité des couches atmosphériques; la verticale est déviée par l'attraction des hauteurs voisines, comme par l'effet de la rotation terrestre ; enfin la notion du plan horizontal, qui paraît si nettement affirmée par la surface d'une nappe d'eau en repos, résulte par le fait de l'insuffisance de nos organes de perception, incapables d'apprécier, sur une étendue limitée, la courbure de cette nappe, en réalité parallèle au sphéroïde océanique.

Les notions fournies par nos sens ont donc besoin d'être contrôlées par tous les moyens possibles. A ce point de vue, on peut dire que la géométrie euclidienne a résisté victorieusement à toutes les épreuves. Aussi loin que la puissance croissante des lunettes ait permis d'étendre les observations des astronomes, jamais on n'a pu constater la moindre dérogation aux règles admises par Euclide. Leur certitude empirique est donc hors de doute ; mais cela ne veut pas dire qu'elles soient logiquement nécessaires, au point qu'elles s'imposeraient même à la Toute-Puissance créatrice ; car nous allons voir que de simples mortels ont pu légitimement s'en affranchir.

§ 3. — *Les géométries non-euclidiennes.*

Vers le début du xixᵉ siècle, reconnaissant que le *postulatum* des parallèles était indémontrable, Lobatcheffsky s'est demandé ce qu'il adviendrait si, rejetant ce principe, il conservait tous les autres axiomes d'Euclide. Il a donc franchement supposé que, par un point, on pouvait mener, dans le même plan, une infinité de lignes incapables de rencontrer une droite donnée. Toutes ces lignes, qualifiées de *non-sécantes*, formeraient un faisceau compris entre deux lignes limites ; et plus l'angle de ces dernières serait grand, plus on s'éloignerait de la géométrie euclidienne, avec laquelle le nouveau système se confondrait si l'angle en question devenait nul.

Au premier abord, une telle conception doit sembler tout à fait fantaisiste. Cependant puisque la contradictoire ne peut pas être démontrée, il n'y a rien qui doive la faire repousser. Sur cette base, Lobatcheffsky a édifié sa doctrine, qualifiée d'abord de *Pangéométrie*, et dans le développement de laquelle il a su éviter toute contradiction comme toute offense à la logique. Le trait caractéristique de cette discipline (nous allions dire de cette indiscipline !) est que la somme des trois angles d'un triangle est toujours *plus petite que deux angles droits*, tandis que, dans la géométrie euclidienne, cette somme est invariablement égale à deux droits.

Un peu plus tard, Riemann, prenant directement le contre-pied de l'hypothèse de son prédécesseur, a admis que, par un point, on ne pouvait faire passer *aucune parallèle* à une droite, et par surcroît il a rejeté l'axiome d'après lequel on ne peut faire passer par deux points qu'une seule ligne droite.

Sans doute, le simple énoncé de telles propositions est de nature à produire un effet déconcertant. Cependant, quand on y réfléchit, on reconnaît qu'elles n'offrent rien d'absurde. En effet, représentons-nous une sphère. Sur sa surface, le chemin le plus court entre deux points est l'arc de grand cercle passant par ces deux points, et qu'on appelle une *géodésique* de la sphère. En général, toute surface réelle possède son type particulier de *lignes géodésiques*, c'est-à-dire de lignes de plus courte distance, jouant, sur la surface en question, un rôle identique avec celui que remplit la ligne droite sur le plan. Et il suffit que le rayon de courbure de ces surfaces soit très grand pour que, dans le voisinage du point considéré, une géodésique paraisse avoir, avec une ligne droite, une partie commune suffisamment longue; ce qui empêchera toute distinction pratique.

Or, sur une sphère, deux arcs de grand cercle se rencontrent forcément en deux points diamétralement opposés. Ces arcs *ne peuvent donc jamais être parallèles*. Ainsi se trouve justifiée la légitimité logique des deux propositions fondamentales de Riemann. Son espace est un *espace sphérique*, et si l'on suppose que le rayon de la sphère devienne infini, on retombe sur la géométrie ordinaire.

C'est de cette façon que, sans se heurter à aucune contradiction, Riemann a pu construire tout un édifice doctrinal dont les théorèmes s'enchaînent rigoureusement. Le fait saillant de ce système est que la somme des angles d'un triangle y est *toujours plus grande que deux droits*, ainsi que c'est le cas, d'ailleurs, pour les triangles sphériques de la géométrie usuelle.

Tandis que le système euclidien est unique en son genre et ne comporte pas de subdivisions, il existe un nombre infini de variétés dans le système de Riemann comme dans celui de Lobatcheffsky, systèmes dont l'ensemble constitue ce que M. Mansion appelle la *Métagéométrie*. Une variété de Riemann est caractérisée par le rayon de la sphère, qui peut varier de zéro à l'infini ; et une variété de Lobatcheffsky se distingue par la valeur de l'angle d'ouverture du faisceau des non-sécantes, angle qui peut varier de 0 à 180 degrés.

On peut se représenter, par une image assez expressive, le rapport qui unit entre elles les trois géométries dont il vient d'être question. Il suffit de tracer un rectangle rectiligne euclidien, et de réunir ensuite ses sommets, d'abord par des arcs convexes, dont l'ensemble formera un triangle curviligne extérieur, correspondant à la géométrie de Riemann, ensuite par des arcs concaves, engendrant dans l'intérieur un autre triangle curviligne, qui représentera la conception de Lobatcheffsky.

Que devient dans ces conditions la notion de l'*espace*? Dans la géométrie usuelle ou à trois dimensions, il est clair que la position d'un point est absolument fixée, si l'on connaît ce qu'on appelle ses *coordonnées*, relativement à trois axes divergeant d'un même point et non situés dans un même plan. Ces trois axes, pris deux à deux, engendrent trois plans dits *coordonnés*, jouant le même rôle que jouent, à partir d'un même angle, les murs et le plancher d'une chambre ; et si, du point à définir, on mène trois lignes droites respectivement parallèles aux axes, les longueurs comprises, sur ces lignes, entre le point et les plans conjugués qu'elles rencontrent, définiront sans doute possible la position du point.

Une telle définition n'a plus de sens dans les géométries non-euclidiennes, puisque, pour l'une, la notion de parallèles n'existe plus et que, pour l'autre, elle est complètement indéterminée. Il faut donc autre chose pour fixer la position d'un point. On y peut parvenir de diverses manières.

Riemann, partant du concept général de grandeur, a cherché une formule propre à définir la longueur d'un segment de ligne. M. de Tilly, de son côté, a pris pour point de départ la notion de distance ou intervalle invariable de deux points, et l'a considérée, ainsi que l'avait fait Cauchy, comme un concept irréductible, admettant que, en dehors de tout moyen pratique et précis de mesure, nous devons posséder l'idée primordiale de deux intervalles égaux ou inégaux. En y joignant la conception que, dans l'espace, la distance variera d'une manière continue, enfin que cet espace doit être homogène, c'est-à-dire rester identique avec lui-même dans toutes ses parties, M. de Tilly a fait voir qu'il n'y a que trois manières de **représenter** analytiquement les relations de distance.

On peut entreprendre de donner, sans trop d'efforts, une idée suffisamment nette des déductions qui conduisent à ce résultat.

Il est évident que, si *trois* points sont sur une ligne droite, qui n'a qu'*une dimension*, il y a une relation forcée entre leurs distances réciproques, puisque la distance de 1 à 3 doit être la somme des intervalles 1, 2, et 2, 3. De la même façon, une relation obligatoire existe entre les *six* distances mutuelles de *quatre* points situés dans un même plan à *deux dimensions*, puisque, si on les dispose en un quadrilatère 1, 2, 3, 4, il faudra que les distances 1, 3 et 2, 4 soient les deux diagonales du quadrilatère et se rencontrent en un même point.

Ainsi, pour les objets considérés, le nombre des points dont les distances sont assujetties à une relation dépasse de deux celui des dimensions de l'objet. On ne sera donc pas surpris d'apprendre que, dans l'espace à *trois dimensions*, il existe un lien obligatoire entre les *dix* distances mutuelles de *cinq* points. Cette relation, Lagrange l'a fait connaître dès 1773.

Or la formule de Lagrange, établie pour l'espace usuel, où la notion de plus courte distance se confond avec celle de ligne droite, peut être aisément traduite de manière à correspondre à deux conceptions différentes de la plus courte distance, dont l'une sera celle de Riemann et l'autre celle de Lobatcheffsky (1). Mais alors chacune de ces formules contiendra un *paramètre* spécial, caractérisant le genre du système; et si ce paramètre

---

(1) La seconde ne diffère d'ailleurs de la première que parce que le paramètre y est multiplié par $\sqrt{-1}$.

devient infini, on retombera sur la géométrie d'Euclide.

M. de Tilly a établi que toutes les vérités géométriques peuvent être ramenées aux trois sortes de formules dont la genèse vient d'être indiquée, et que, si l'on s'en tient aux prémisses posées, celles de distance invariable et d'espace homogène, aucune autre combinaison n'est possible. C'est donc une chaîne continue qui, de l'extrémité du système de Lobatcheffsky, conduit graduellement, par l'intermédiaire de celui d'Euclide, à la limite du système de Riemann. De la sorte, les formules relatives aux distances de *cinq* points caractérisent une suite indéfinie d'espaces à *trois dimensions*, auxquels l'espace normal euclidien sert de lien commun (1).

D'ailleurs, en raison de la forme analytique de ces relations de distance, les espaces de Riemann pourront s'appeler *elliptiques*, le nom d'*hyperboliques* convenant à ceux de Lobatcheffsky. On pourrait aussi, sans trop d'inexactitude, qualifier les premiers de *convexes* et les seconds de *concaves*, le mot de *plan* étant réservé à l'espace euclidien.

---

(1) On trouvera l'exposé rigoureux de ces considérations délicates dans une série de publications de M. P. Mansion, le savant professeur de l'Université de Gand. (Voir notamment dans *Mathesis*, ainsi que dans les *Annales de la Société Scientifique de Bruxelles*, années 1895, 1896, 1897 et 1898.)

Or si, pour l'espace d'Euclide, le nombre de cinq points semble rigoureusement indiqué, il n'en est pas de même pour les autres, et il n'y a rien de contradictoire à supposer que la relation obligatoire des distances, conservant la même forme, puisse s'étendre à un nombre de points plus grand que cinq. On peut même, algébriquement, admettre cette extension pour la formule de l'espace euclidien. On forme ainsi la caractéristique d'une série indéfinie d'*hyperespaces* à plus de trois dimensions, les uns *euclidiens*, les autres *riemanniens* ou *lobatcheffskiens*, et on dira que chacun de ces hyperespaces est à autant de dimensions qu'il y a de points, moins deux, entre lesquels la relation de distances existe ; par exemple, *quatre dimensions* pour *six points*, *cinq* pour *sept*, etc.

A la vérité, cette idée d'espaces à plus de trois dimensions est faite pour dérouter quiconque l'entend énoncer pour la première fois. Aussi croyons-nous utile, pour en diminuer l'étrangeté, de rappeler ici quelques notions élémentaires, concernant la représentation géométrique des formules de l'analyse.

Lorsque, dans l'espace ordinaire, on considère un plan, où chaque point doit être déterminé par ses coordonnées relativement à trois axes de comparaison, on sait que ces trois coordonnées, considérées commes des variables, ne peuvent pas être tout à fait indépendantes. Pour que le point qu'elles déterminent appartienne réellement au plan considéré, il faut que leurs longueurs, qu'on a coutume de désigner par x, y et z, soient liées entre elles par une *équation du premier degré*, c'est-à-dire où les variables figurent seulement à la première puissance. Dans cette relation interviennent certains termes constants, qui fixent la position et la direction du plan représenté.

De là vient que toute relation du premier degré entre trois variables peut toujours être regardée comme l'*équation d'un plan*, lors même qu'elle résulterait de considérations où la notion de l'étendue n'aurait rien à voir.

Par exemple, supposons que, pour un corps donné, la température, l'état hygrométrique et l'état électrique se trouvent liés ensemble par une équation du premier degré. Le géomètre aura le droit de dire que la *fonction* qui correspond aux variations simultanées de ces trois facteurs peut être représentée par un plan. Si la relation était du second degré, la fonction serait représentée par une surface de l'ordre des ellipsoïdes ou des hyperboloïdes; et, par le fait, des fonctions de cet ordre sont très souvent envisagées avec fruit par les physiciens. Cependant de telles traductions géométriques des formules n'ont rien de commun avec les propriétés spatiales du corps considéré.

Donc, par une simple extension des conceptions usuelles de l'étendue, on peut convenir qu'une relation du *premier degré* entre *quatre* variables indépendantes s'appellera l'équation d'un plan dans un hyperespace à quatre dimensions; de même, une relation du *second degré* entre *six* variables indépendantes pourra être dite l'équation d'une surface de même ordre dans un hyperespace à six dimensions; et ce serait bien perdre son temps que de se creuser la tête pour essayer de comprendre comment la représentation d'une telle surface pourrait être réalisée.

C'est de cette façon qu'il convient d'entendre la traduction géométrique des formules établissant une relation obligatoire entre les distances mutuelles d'un nombre de points supérieur à cinq.

Cependant il n'en faudrait pas conclure nécessairement que tout fût imaginaire dans les hyperespaces et qu'il n'y eût absolument aucun point de contact entre eux et la réalité.

Des savants distingués ont exprimé l'opinion contraire, en faisant valoir de très sérieux arguments. Ainsi, une ligne droite peut être regardée de telle sorte que, le rayon visuel coïncidant avec sa direction, la perspective de cette ligne se réduise à un point. De même, si l'on regarde tous les points d'un plan d'un certain point de vue pris dans le plan, la perspective de ce dernier se réduira à une droite. Enfin une figure quelconque à deux dimensions peut toujours être envisagée comme la perspective d'un solide qui en a trois. Par suite, on affirme qu'un géomètre ne serait nullement embarrassé pour considérer un solide comme la perspective, dans l'espace à trois dimensions, d'une fonction dépendant de quatre variables, et ainsi de proche en proche.

Toutefois, laissons de côté la question fort obscure des hyperespaces, et contentons-nous d'envisager les espaces à trois dimensions. Ceux qui obéissent à la conception de Riemann ou à celle de Lobatcheffsky ne constituent nullement de simples jeux d'esprit. Les géomètres ont montré qu'il existait des rapports intimes entre les théorèmes qui les concernent et ceux de la doctrine euclidienne.

Les connaisseurs s'accordent à dire que l'introduction de ces considérations, si étranges qu'elles puissent paraître, n'a pas été sans avantages, même pour la géométrie usuelle. Elle a eu pour effet d'imprimer à certaines notions un caractère intéressant de généralité, et de faire ressortir pour quelques autres une évidence qui jusqu'alors n'avait été qu'entrevue. Enfin Helmholtz a montré que, si les propositions de la géométrie euclidienne n'étaient autres que les lois du mouvement des solides invariables, celles des autres systèmes exprimaient les lois que pourraient suivre, dans leurs mouvements, des corps qui sans doute n'existent pas, mais dont l'existence pourrait être conçue sans qu'il en résultât la moindre contradiction. Il a même été jusqu'à affirmer qu'*on pourrait fabriquer de tels corps, si on le voulait* (1).

Quoi qu'il en soit, ce qu'il importe ici de constater, c'est que **toutes** les combinaisons de la Métagéométrie sont logiquement admissibles, et que, loin de former un monde à part, dont la doctrine usuelle serait séparée par un abîme, elles constituent, au contraire, deux suites indéfinies qui viennent se fondre dans la géométrie dite d'Euclide.

Ce que nous venons d'exposer n'épuise d'ailleurs pas la série des combinaisons logiques auxquelles les concepts géométriques peuvent donner lieu. D'abord, M. Poincaré a montré qu'il existait une géométrie à deux dimensions, qui serait à celle de Lobatcheffsky ce que l'hyperboloïde à une nappe est à l'hyperboloïde à deux nappes. En outre, les systèmes précédents s'accordaient tous pour admettre l'axiome d'Archimède ou *postulat*

---

(1) POINCARÉ, *Journal des Savants*, 1902.

de continuité. Ce dernier semblait même si nécessaire, qu'on se dispensait généralement de l'énoncer, comme s'il eût été inadmissible de songer à s'en affranchir.

Pourtant, l'exemple tout récent de M. Hilbert a montré qu'on pouvait, sans choquer la logique, imaginer des géométries *non archimédiennes*, d'où cet axiome serait seul exclu. Tandis que les conceptions de Riemann et de Lobatcheffsky respectaient la notion qualitative du *continu géométrique*, tout en bouleversant les idées courantes sur la mesure de ce continu, la géométrie non-archimédienne détruit cette notion, et dissèque le continu pour y introduire des éléments nouveaux. On s'en fera une idée si l'on entend dire que, dans ce système, en portant sur une droite, à partir d'un point, une succession de segments égaux, on pourrait ne réussir jamais à atteindre un point déterminé de la droite, quelque grand que fût le nombre des segments !

Dans ce monde nouveau, il n'y aurait d'existant que ce qui, en partant de deux points donnés, peut se construire avec la règle et le compas.

Si d'ailleurs on se rappelle de quelle façon la notion du continu est introduite par notre esprit dans la science de l'étendue, peut-être jugera-t-on que la conception de M. Hilbert n'est pas aussi étrangère qu'elle paraît au monde réel.

§ 4. — *Coup d'œil d'ensemble sur la géométrie.*

Maintenant, pourquoi la géométrie de l'espace euclidien suffit-elle parfaitement à toutes les applications pratiques? Nous n'y voyons pour notre part qu'un motif raisonnable. C'est que le monde au milieu duquel nous vivons, et dont nous sommes parties intégrantes, doit avoir été construit sur ce type, de préférence à tout autre. Objectera-t-on que nous n'avons pas le droit de l'affirmer, et que c'est étendre abusivement la portée d'observations nécessairement limitées? Fera-t-on valoir que, les géométries de Riemann et de Lobatcheffsky se ramenant à celle d'Euclide, quand le paramètre propre à chacune d'elles devient infini, on peut admettre que nous vivons dans un monde métagéométrique, dont le paramètre serait assez voisin d'être infini pour qu'il nous fût impossible d'apercevoir la différence? Ce serait une hypothèse gratuite, que pourront toujours imaginer les esprits qui se plaisent dans la complication.

Si nous leur disions qu'il paraît absurde de supposer que le Créateur se serait en quelque sorte amusé, pour nous dérouter, d'abord à faire un choix entre Riemann et Lobatcheffsky, ensuite à se déterminer pour une quelconque des valeurs paramétriques, en nombre infini, qu'il était loisible de choisir, ils répondraient sans doute que ces raisons intuitives et presque sentimentales n'ont pas de prise sur leur logique, la probabilité d'une valeur n'étant pour eux ni plus grande ni plus petite que celle de toute autre.

Pour nous, il nous paraît suffisant que la conception euclidienne ait suffi jusqu'à présent à tous nos besoins sans exception, et que, comme l'a vérifié Lobatcheffsky, dans les plus grands triangles des astronomes, ayant pour côté directement mesurable la ligne la plus longue qu'on puisse réaliser, c'est-à-dire le diamètre de l'orbite terrestre, la somme des angles n'ait jamais présenté, avec deux angles droits, qu'une différence d'ordre égal aux erreurs d'observation.

Si donc on venait nous dire : la géométrie d'Euclide n'est pas plus *vraie* que toute autre ; elle est seulement plus *commode* ; nous serions tenté de répondre qu'autant vaut soutenir que l'individualité de l'être humain est une conception irréelle, et représente seulement une manière, plus commode qu'une autre, d'ordonner toutes les perceptions dont notre organisme est le siège. Aux abstracteurs de quintessence de se montrer plus exigeants, s'ils le veulent. A nous, ce genre de réalité suffit.

Il est vrai que de hardis novateurs ne craignent pas de dénoncer la personnalité humaine comme une notion qui a fait son temps. Mais si cette théorie de l'être incessamment variable peut être de grand secours aux débiteurs, autorisés à méconnaître, dans le créancier venant réclamer son dû, l'individu antérieur qui avait fait le prêt, on nous excusera ici de ne vouloir, pour notre compte, rien emprunter à de telles doctrines.

Essayons maintenant de résumer toute cette longue et aride discussion.

Pour établir les vérités géométriques, notre intelligence analyse les sensations qu'excitent en nous la vue et le contact du monde créé. Elle en tire une suite de notions de plus en plus abstraites, mais dont chacune, ayant pour point de départ la conception d'une matière invariable et parfaite, en idéalise tous les éléments au nom de la notion intuitive de l'ordre, en y joignant le concept de l'infini. Liée dans son essence à l'observation des faits contingents, la géométrie les transfigure, en quelque sorte, en raison des exigences de notre esprit, que la perfection seule peut satisfaire. Même, si nous ne craignions pas d'être accusé d'abus en introduisant la notion du surnaturel dans un domaine où elle semble n'avoir que faire, nous dirions volontiers que la géométrie *surnaturalise* les notions tirées des faits sensibles.

Cependant elle ne les perd pas de vue un instant. Son nom même, témoignage de son origine terrestre, suffirait à la préserver de cet oubli. Si la doctrine euclidienne est ce qu'elle est, c'est d'un côté, parce que les corps matériels sont ce qu'ils sont, et de l'autre, parce que notre intelligence a été modelée sur un type particulièrement noble. Celui qui a créé les corps et les esprits a donc donné à cette géométrie sa raison d'être. Mais ces décisions ne s'imposaient pas à lui comme les seules nécessaires, et les choses auraient pu être réglées de telle façon qu'une géométrie différente, quoique non moins logique, dût sortir de l'interprétation scientifique des phénomènes.

Toutefois, de quelque manière que les choses se fussent passées, il aurait fallu les examiner à la lumière des mêmes concepts généraux. Il nous semble réconfortant de voir ainsi resplendir, à l'origine des mathématiques, comme correctif à l'idée de contingence, ces notions d'ordre, de perfection, d'idéal et d'infini, que nous sommes assurés de retrouver chez toute science digne de sa mission.

Nous les retrouverions même dans ces géométries transcendantes, dont la prétention est aujourd'hui de perdre tout contact avec l'étendue, et qui, par les noms qu'elles se donnent, de « science des multiplicités ou ensembles » et de « science de l'ordre ou des groupes », affirment assez nettement de quel principe général elles continuent à s'inspirer. Mais si nous nous maintenons sur le terrain plus accessible de la géométrie usuelle, nous lui reconnaîtrons par surcroît un mérite que nulle, entre toutes les sciences, ne possède au même degré : c'est ce que nous appellerons la vertu *disciplinaire*. Par son impeccable méthode de démonstration, par l'enchaînement rigoureux des déductions, par la précision d'un langage où il n'y a jamais de doute sur le mot qui convient le mieux, par l'usage constant de ces figures où l'on suit pas à pas le développement d'une idée, sans risquer de perdre de vue la réalité, la géométrie constitue pour l'esprit la plus salutaire des disciplines. C'est une gymnastique constante qui, impose à l'intelligence la rectitude et ne lui permet jamais de s'égarer. Ennemie de l'à-peu-près comme de la fantaisie, respectueuse d'une tradition que les siècles ont consacrée, elle offre le modèle achevé du cadre où il y aurait profit à ordonner toutes les manifestations de l'activité humaine, pour les rendre vraiment fécondes.

Il importe de le proclamer hautement, à une époque où les notions de discipline subissent une aussi lamentable éclipse. Si cette révolte prétendait s'autoriser de la science, ce n'est certainement pas chez la géométrie qu'elle trouverait des raisons pour se justifier.

CHAPITRE II

LA SCIENCE DES NOMBRES ET LA MÉCANIQUE

§ 1. — *La science des nombres.*

Comme la notion de l'étendue, celle de *nombre* dérive de l'expérience quotidienne. Elle naît tout naturellement dans notre esprit par la fréquente répétition de divers ordres de sensations, sinon identiques, du moins susceptibles de laisser dans notre mémoire l'impression d'un élément abstrait qui leur soit commun à toutes.

Ainsi, pour tous les hommes qui n'habitent pas au delà des cercles polaires (et c'est l'immense majorité), le soleil se lève et se couche chaque jour, faisant alterner régulièrement la lumière et l'obscurité. A la vérité, pour un lieu donné, le point de l'horizon où le soleil semble se lever, et celui derrière lequel il disparaît, varient constamment d'un jour à un autre; de plus il est des cas où l'obervation de l'apparition et de la disparition de l'astre est rendue impossible par les nuages. Mais on sait que cela n'empêche pas le lever et le coucher d'avoir lieu; de sorte que cette simple alternative constitue, dans son essence, un phénomène assujetti à se reproduire avec une merveilleuse régularité.

Il y a plus : quand on dispose d'éléments indépendants pour la mesure du temps écoulé, tels qu'un sablier ou une clepsydre, on constate qu'en moyenne la durée de la période est d'une constance absolue. Le retour quotidien de la lumière constitue donc en soi, et dégagé des détails secondaires, un phénomène toujours semblable à lui-même. Ainsi la succession des jours peut être envisagée comme une suite de faits identiques, éveillant dans la conscience la même perception moyenne, et dont chacun, ainsi bien défini, devient une *unité*.

D'ailleurs le souvenir de ces perceptions incessamment renouvelées demeure dans notre esprit, associé comme le serait le tic-tac d'une horloge à la mémoire de toutes les autres sensations que nous avons pu éprouver, et dont plusieurs, par leur importance, méritent de former les *dates* de notre existence passagère.

Dans ces conditions, le besoin d'ordre qui est inné en nous fait naître le désir de préciser et d'ordonner ces souvenirs, d'autant mieux que chacun d'eux peut renfermer en lui-même un précieux enseignement et une lumière pour l'avenir. Ce qui les distingue le mieux, c'est le sentiment que nous conservons de leur antériorité ou de leur postériorité relatives; et ces deux qualités sont susceptibles d'un degré, en relation directe, pour la plupart du temps, avec la somme d'activité que nous avons eu l'occasion de dépenser dans l'intervalle.

En raison de cette proportionnalité, il est tout naturel d'évaluer le rapport en question d'après l'inégale succession des jours qui se sont écoulés d'un événement à un autre, et dont chacun, faute d'un enregistrement plus savant, a pu être marqué par un signe matériel quelconque, savoir un caillou quotidiennement déposé à une place déterminée, ou une entaille pratiquée, à chaque lever du soleil, dans un morceau de bois. Plus le tas de cailloux sera gros, ou plus les entailles du bois seront pressées, et plus il y aura de souvenirs accumulés dans l'intervalle. La série des cailloux, comme celle des entailles, deviendra rigoureusement *correspondante* de la suite des jours écoulés et des sensations perçues.

Ainsi doit se former, en notre conscience, avec l'idée abstraite du *temps* ou de la *durée*, celle, plus précise, de *nombre*, désignant, dans le cas spécial qui nous occupe, un *rapport* d'antériorité ou de postériorité.

Pour donner à cette notion une suffisante netteté, il importe de savoir énoncer d'un mot la valeur des intervalles ainsi grossièrement mesurés. Chaque caillou, chaque entaille, correspondant à une *unité*, toute collection d'unités, rappelant des faits de conscience supposés identiques, demandera à être désignée par un nom ou par un signe qui ne permette pas de la confondre avec une autre différente, et puisse devenir le numéro d'ordre de la sensation contemporaine. Afin d'éviter l'effroyable complication qui en résulterait dans le cas de grands nombres, on a été conduit à imaginer des *systèmes de numération*, parlée ou écrite, dont chacun représente un langage méthodique. Le plus simple est évidemment le système décimal, issu de la tendance si naturelle qui porte l'homme à utiliser ses dix doigts pour un commencement de dénombrement.

C'est sur les nombres ainsi conçus que, pour apporter plus de méthode et de commodité dans l'ordonnance des souvenirs, l'esprit est amené à exécuter diverses opérations de groupement. La première est celle de *l'addition*.

Ajouter une unité à une autre, c'est simplement énoncer le terme par lequel on est convenu de désigner une collection de deux unités, et ainsi de suite. Or si, après avoir criblé son morceau de bois d'entailles successives, on a été obligé d'en prendre un autre pour pouvoir continuer l'enregistrement quotidien, lorsqu'on voudra compter le nombre total des jours écoulés, il faudra faire la *somme* des encoches pratiquées sur les deux bâtons. Il tombe sous le sens qu'en énumérant celles de chacun, et en ajoutant les deux sommes partielles, on aura le même résultat que si, regardant les deux bâtons comme n'en faisant qu'un seul, on avait dénombré les entailles en série ininterrompue de la première à la dernière. C'est la propriété de l'addition qu'on appelle l'*associativité*. Elle a pour corrélative la propriété non moins évidente de la *commutativité*, qui nous permet de commencer indifféremment par un bâton ou par l'autre, s'il n'y en a que deux; par un quelconque des termes d'une suite de bâtons, s'il y en a plusieurs.

Dans cet exemple, nous avons été amené à la notion de nombre par la considération de la durée, en faisant appel à une suite de souvenirs *successifs*. Mais bien d'autres perceptions, complètement indépendantes de l'idée de temps, peuvent faire naître le même concept; et sera justement un précieux contrôle si, malgré cette différence d'origine, elles nous conduisent aux mêmes notions. C'est pourquoi, après avoir considéré une succession d'impressions ayant laissé, grâce à l'abstraction qui les a réduites à leur trait essentiel, des souvenirs identiques, nous allons maintenant envisager les sensations éveillées simultanément par une collection d'objets semblables, auquel cas le nombre exprimera un rapport de quantités mesurables. Et parce que les perceptions les plus nettes, comme les plus anciennes, sont celles qui ont trait aux besoins immédiats de notre nature, nous considérerons le cas de la répartition d'une récolte intéressant l'alimentation de l'homme, par exemple de celle que peut produire une plantation d'arbres fruitiers.

Supposons qu'il s'agisse de pommiers : Toutes les pommes qui en proviennent différeront certainement les unes des autres, et il n'y en aura pas deux qu'on puisse dire absolument identiques de forme, de grandeur, de poids et de qualité. Néanmoins, si on met à part les types exceptionnels, il en restera, pour un groupe suffisamment considérable d'arbres, une immense quantité qui seront pratiquement équivalentes, parce que chacune pourra constituer, par exemple, la ration moyenne du goûter d'un individu. Différentes en tant que *pommes* ou objets concrets, elles deviendront des unités identiques au titre abstrait de *rations*, ce qui les rendra susceptibles de *dénombrement*, opération qui s'impose parce que la valeur d'une récolte, à qualité moyenne égale, dépend du nombre de rations qu'elle peut fournir.

Avant qu'on effectue ce dénombrement, les pommes ont été accumulées en tas au pied de chaque arbre. Si l'on n'a pas à craindre quelque larcin, survenant dans l'intervalle, il est évidemment indifférent, en vue du résultat total, que l'opération commence par l'un ou l'autre des tas. Ici donc se révèle encore la propriété dite de *commutativité*; et si chacun des tas a été compté à part, dans quelque ordre qu'on procède en les ajoutant les uns aux autres par *associativité*, on aura toujours le même nombre de pommes.

S'agit-il maintenant de préparer des rations multiples, destinées à des groupes de consommateurs ayant individuellement les mêmes droits? Nous allons nous trouver en face du problème de la multiplication. Évidemment trois personnes exigeront trois rations. Supposons qu'après avoir demandé d'abord des rations triples, on nous avertisse qu'il en faut doubler la quantité, parce que le nombre des groupes a doublé, ce qui s'appellera multiplier trois par deux. Si nos tas de trois personnes ne sont pas épuisés, nous les associerons deux par deux; sinon, nous irons chercher au tas général, en prenant de suite les pommes deux par deux, puisque l'unité de consommation a doublé, et répétant l'opération trois fois, ce qui nous donnera un groupe de trois rations doubles, ou deux multiplié par trois; et il tombe sous le sens que le résultat final sera le même, en vertu de ce qu'on appelle en arithmétique le principe de *distributivité*.

Il est inutile de poursuivre plus loin cette monotone analyse, que nous rendrions plus pénible encore, si nous voulions tenter ici de mettre dans le raisonnement et l'enchaînement des propositions toute la rigueur qu'il peut convenir et qu'il est réellement possible d'y apporter pour satisfaire les logiciens les plus exigeants (1). On trouvera d'ailleurs, dans l'ouvrage de M. Poincaré, la justification des règles de l'arithmétique, fondée sur le principe intuitif de *récurrence*, en vertu duquel, si une proposition est vraie pour un nombre, elle l'est aussi pour le nombre immédiatement consécutif. Et comme la règle ne fait aucun doute pour l'unité, elle doit être jugée valable pour un nombre quelconque.

Ce que nous tenions seulement à établir, c'est qu'il en est du domaine de l'arithmétique comme de celui de la géométrie. L'esprit d'ordre propre à notre nature, appliqué à des perceptions successives ou simultanées de même espèce, mais *idéalisées* de manière à n'éveiller en nous que des notions absolument semblables, conduit tout

---

(1) C'est le travail devant lequel n'a pas reculé un de nos amis, M. S. Santerre, dont le concours nous a été profitable dans cette circonstance.

naturellement à la notion du nombre ; et la science des nombres se constitue sans qu'il y ait besoin d'ajouter, aux concepts fournis par l'expérience, autre chose que le respect constant du principe de contradiction et de celui, dit de *transivité*, qui nous oblige à regarder comme identiques entre elles deux quantités identiques avec une troisième.

La série des raisonnements sur lesquels nous avons étayé cette conclusion pourra sembler, non seulement fastidieuse, mais quelque peu enfantine par l'excès et la simplicité des détails où il a fallu entrer. Mais il nous a paru que la chose était nécessaire, à un moment où la notion de nombre risque d'être singulièrement obscurcie, par diverses tentatives faites pour lui enlever toute signification objective. Or, ne prétendant pas ici faire œuvre de métaphysicien, nous avons voulu surtout ménager un terrain solide à ceux qui ne tiennent pas à s'aventurer dans l'absolu. C'est pourquoi, à l'occasion du nombre comme pour l'étendue, nous nous sommes plu à faire ressortir toute la part du relatif et du contingent dans les conceptions usuelles.

La complète analogie des deux domaines, géométrique et arithmétique, va se confirmer encore, si nous envisageons les concepts qu'introduisent, dans la science des nombres, les inévitables aspirations de notre esprit vers la *continuité* et vers l'*infini*.

Une suite de nombres entiers, les seuls que nous ayons considérés jusqu'ici, est nécessairement discontinue. On passe brusquement de l'un à l'autre. Rien ne limite d'ailleurs la faculté que nous nous reconnaissons d'ajouter quelque chose à une suite déjà formée, et ainsi nous concevons que ces sauts brusques puissent nous conduire aussi loin que nous voulons, c'est-à-dire jusqu'à l'infini.

D'autre part, le nombre est une idée abstraite, qui ne prend de sens déterminé que quand elle s'applique à la mesure des grandeurs de même espèce.

Or, toutes les grandeurs sont comparables en tant que quantités. Supposons donc qu'il s'agisse de longueurs. Choisissons-en une pour unité, et portons-la indéfiniment, sur une ligne droite, à la suite d'elle-même ; la succession ainsi obtenue sera l'exacte représentation d'une suite de nombres entiers consécutifs. Mais le point de départ peut être regardé comme l'extrémité d'une portion de la ligne prolongée dans le sens opposé. Alors, suivant que nous ajouterons les termes à la suite de cette portion, ou que nous les ferons se succéder en ordre inverse, nous aurons les nombres *positifs* et les nombres *négatifs*, au sujet desquels on a tant et souvent si mal à propos disserté.

En outre, l'unité linéaire correspond à une portion d'étendue, représentative d'une quantité, et que nous pouvons diviser en parties. Si nous en prenons la moitié, le tiers, le quart, etc., nous formerons des parties auxquelles correspondront des *nombres fractionnaires*. Dans ces *fractions*, le *dénominateur*, c'est-à-dire le terme qui spécifie la nature de la fraction, est un nombre entier ; le *numérateur*, qui indique combien on a pris de divisions, est aussi un entier ; et le rapport de ces deux entiers est qualifié de *rationnel*.

A force de pousser plus loin cette division, les parties de l'unité cesseront d'être discernables pour nos sens. Pourtant nous serons bien loin d'avoir décomposé l'unité en points mathématiques. Un microscope suffisamment puissant nous ferait voir, entre les points de division, des intervalles appréciables, auxquels un grossissement convenable arriverait même à donner la valeur apparente de l'unité originelle ; ce qui engendrerait pour nous cette illusion, d'une partie égale au tout.

Alors, pour faire cesser toute contradiction entre l'expérience et la réalité, notre esprit imagine le continu mathématique, en intercalant, entre deux divisions qui correspondent à des nombres rationnels, d'autres subdivisions en nombre indéfini. Mais celles-ci, croissant ou décroissant de manière continue, pourront n'avoir plus de commune mesure avec l'unité. Dans ce cas, leur valeur devra s'exprimer par ce qu'on appelle des nombres *incommensurables;* et à cette division constamment poursuivie viendra se relier la conception des *infiniment petits*.

Dans ces conditions, le nombre cesse d'avoir besoin d'être énoncé sous la forme d'un chiffre. Un symbole conventionnel, tel qu'une lettre quelconque de l'alphabet, suffit pour désigner cette quantité variable, que nous concevons comme susceptible de prendre toutes les valeurs possibles entre *zéro* et l'*infini*. L'arithmétique devient de l'algèbre, et les questions qu'elle envisage prennent un caractère beaucoup plus prononcé de généralité.

C'est ainsi que se constitue le *langage mathématique;* car c'est bien avant tout un langage, qui par sa précision suprême convient à l'expression de tous les rapports de quantité, et dont on a pu dire justement qu'il réalisait la forme idéale pour rendre la pensée de chacun *commensurable* avec celle des autres (1). Mais il ne faut pas oublier que, s'il constitue un admirable outil, sa

(1) Vicomte D'ADHÉMAR, *Le triple procès*, Paris, Bloud et Cie, 1901.

fécondité dépend de l'usage qui en est fait, c'està-dire de la justesse des rapports à l'expression et à la discussion desquels il doit servir, et qu'il reçoit tout faits du dehors, ou pour mieux dire de l'expérience, interprétée par notre jugement.

Il en est d'ailleurs de la science des nombres comme de celle de l'étendue. De même qu'une généralisation des concepts de la géométrie a pu nous faire sortir du monde réel pour nous entraîner dans la Métagéométrie, de même la généralisation, en quelque sorte spontanée, des formules de l'algèbre nous mène à la distinction des solutions *réelles* et des solutions dites *imaginaires*. Et celles-ci, merveilleusement maniées par des hommes tels que Cauchy, ont rendu en analyse de tels services, qu'on a jugé offensant de continuer à les désigner par leur qualificatif d'origine. Ainsi les *imaginaires* sont devenues les quantités *complexes*.

Ajoutons que la notion de nombre n'e pas échappé à des transformations comparables à celles qui ont si curieusement affecté les concepts de l'étendue. M. Hilbert, en rompant avec l'idée de continuité, M. Cantor, par l'introduction des diverses catégories de nombres infinis ou *transfinis*, ont déployé dans ce domaine une hardiesse encore supérieure à celle des Riemann et des Lobatcheffsky. Auparavant, Hamilton avait imaginé, avec les *quaternions*, des nombres dont la multiplication échappe à la règle de distributivité.

De telles conceptions ne sauraient nous étonner et encore moins nous embarrasser ; car elles ne font qu'accentuer le caractère expérimental des raisons qui ont déterminé le choix des principes fondamentaux de l'arithmétique usuelle.

En résumé, les enseignements de la science des nombres ne diffèrent pas de ceux que nous a fournis la science de l'étendue. Partout, à la base, nous apercevons un principe de contingence, sous la forme d'objets extérieurs qui mettent en jeu l'activité de notre conscience ; après quoi nos qualités intellectuelles, et notamment l'aspiration vers l'ordre, interviennent pour tirer, de ces faits de conscience, des abstractions, de plus en plus dégagées de tous les accidents secondaires qui en altéreraient la généralité. Alors les rapports de ces abstractions sont étudiés à la double lumière de l'expérience et de la logique, jusqu'à cette idéalisation suprême qui nous conduit à l'idée d'infini.

Mais cette satisfaction, donnée à un besoin primordial de notre esprit, outre qu'elle affirme la haute origine de celui-ci, ne doit pas nous faire oublier le point de départ, entièrement expérimental, de toutes les notions acquises, non plus que leur fonction propre, qui est de nous guider avec sûreté dans la poursuite des avantages que nous réserve le monde créé. De chacun des objets qui composent ce monde, il doit nous être possible de tirer un profit ; de là la nécessité de les bien connaître ; et avant d'en pénétrer l'essence, il y a lieu tout d'abord d'en définir la forme, ainsi que la situation et l'importance réciproques. C'est à cela précisément que visent les mathématiques. Si, de degré en degré, elles peuvent s'élever jusqu'à perdre de vue le motif utilitaire qui les a engendrées, il ne faut pas oublier que lui seul a rendu cette ascension possible, et que d'ailleurs le vertige est proche pour ceux qui seraient trop enclins à vouloir effacer le souvenir salutaire de cette solide origine.

§ 2. — *Les fondements de la mécanique.*

Tandis que la science des nombres et celle de l'étendue ont pour base expérimentale la considération de l'importance et de la situation relative des corps, supposés invariables et immobiles, la Mécanique, négligeant la figure des objets, aussi bien que la matière dont ils sont formés, n'envisage que leurs déplacements. Pour cela, elle s'astreint à ne voir en eux qu'une seule qualité abstraite, à savoir le degré de leur aptitude au mouvement.

Évidemment c'est de l'observation seule que peuvent être tirés les principes fondamentaux de la Mécanique; et le point de départ de cette expérience doit se trouver dans l'appréciation des efforts qui nous sont imposés, quand nous avons à déplacer un des corps qui nous entourent. Suivant la nature de ces corps, le déplacement s'opère dans des conditions très inégales; mais il est des circonstances particulièrement simples, ce sont celles du mouvement des solides pratiquement invariables. C'est en les analysant que nous avons chance de découvrir les lois générales du mouvement; et de même qu'on a pu dire que, sans les solides invariables, il n'y aurait pas de géométrie, de même il est permis d'affirmer que sans eux il n'y aurait pas de Mécanique.

Il va sans dire d'ailleurs que, dans cette analyse, l'esprit apporte les mêmes exigences que dans celle des rapports de grandeur et de position; c'est-à-dire, avant tout, le besoin d'ordre, par suite duquel des causes identiques nous apparaissent comme devant produire toujours les mêmes effets; ensuite le besoin de logique, qui nous porte à éviter toute contradiction.

Telle est l'origine des principes généraux qui servent de base à la Mécanique, et à l'énoncé desquels demeurent spécialement attachés les grands noms des Galilée, des Képler et des Newton.

Nous n'admettons pas qu'il puisse y avoir d'effet sans cause; et comme, autour de nous, nous n'avons jamais vu un corps solide, posé sur le sol, se mettre en mouvement sans l'intervention d'une impulsion extérieure, une des premières abstractions auxquelles on ait été conduit est celle qu'on a désignée sous le nom d'*inertie de la matière*.

Ce n'est pas que cette conception ait dû se présenter immédiatement à l'esprit; car un corps qui tombe, lorsqu'on cesse de le soutenir, n'a reçu aucune impulsion visible; et il a fallu bien du temps avant que l'action de la gravité parût assimilable à l'effort direct que nous déployons pour faire mouvoir un fardeau. C'est seulement après que Képler eut montré comment la trajectoire d'une planète est entièrement déterminée par sa position et sa vitesse initiales, que la loi de l'inertie a reçu son expression définitive. On la formule en disant, d'abord que la matière ne saurait se mettre d'elle-même en mouvement; ensuite qu'il lui est impossible de changer, à elle seule, quoi que ce soit aux conditions du mouvement qu'une première impulsion a pu lui faire prendre.

D'autre part, la perception de l'effort musculaire que nous coûte la mise en mouvement d'un corps solide fait naître en notre esprit deux idées abstraites, corrélatives l'une de l'autre : celle de la *force* à déployer et celle de la *résistance* à vaincre.

Avec la pensée que la matière du corps n'intervient dans cette résistance que par sa quantité, non par sa qualité, et que cette quantité doit être en raison inverse de l'*accélération* qu'une même force imprime à différents mobiles, on est conduit à la notion de *masse*. Enfin, parce que le fardeau que nous poussons en avant, ou celui que nous tirons avec une corde, semble nous pousser ou nous tirer en sens contraire avec la même puissance, l'*égalité de l'action et de la réaction* finit par apparaître comme un principe fondamental.

Ce n'est pas encore tout. De nombreux mouvements de notre organisme peuvent s'exécuter avec la même facilité, que nous soyons en marche ou au repos. Et s'il nous arrive d'avoir à faire quelque manœuvre sur un bateau, assez doucement tiré pour qu'aucune agitation ne s'y fasse sentir, nous constatons que notre activité s'y déploie exactement dans les mêmes conditions que si l'effort s'exerçait sur la terre ferme et au repos. Cette constatation nous amène à un autre axiome fondamental de la mécanique : à savoir que l'effet d'une force est indépendant de l'état de mouvement acquis par le corps qu'elle sollicite ; principe auquel s'ajoute aussitôt celui de l'*indépendance des effets* des diverses forces appliquées à un même corps.

C'est sur ces bases, d'origine expérimentale, qu'a été construit l'édifice doctrinal de la mécanique ; et comme, pour plus de simplicité, on est convenu de réduire la considération des corps à celle de simples points où se concentreraient les masses, et de traiter les causes de mouvement ou forces comme des impulsions rectilignes, directement appliquées aux points en question, le langage mathématique s'est trouvé immédiatement propre à l'expression de notions ainsi simplifiées. De cette façon, la mécanique est devenue *rationnelle*. Tout s'y enchaine logiquement, par voie déductive. Les rapports des déplacements constatés, soit avec les masses et les forces, soit avec les temps employés, s'établissent par une suite de propositions, qui font que la mécanique au moins sur le continent, est partout envisagée comme une science mathématique.

Il est aisé de voir d'où lui est venu ce privilège. D'un côté, la sensation primordiale de poids a fait naitre de bonne heure la notion de la pesanteur, à laquelle obéissent tous les corps sans exception ; et bien qu'il fût impossible de matérialiser cette force comme se matérialise notre effort musculaire, ni de montrer en quel point précis elle devait être appliquée, la direction de la chute des corps autorisait à assimiler la pesanteur à ces impulsions ou tractions linéaires qu'on a coutume de figurer par des flèches. La conception à la fois théorique et expérimentale du centre de gravité, ce point qu'il suffit de fixer pour rendre un solide invariable indifférent à tout mouvement, et l'observation de la chute des graves, semblaient en outre fournir des vérifications péremptoires en faveur des principes de la mécanique rationnelle.

Ce fut bien mieux encore quand Newton, précisant toutes les notions acquises jusqu'à lui et leur imprimant la marque de son génie, fut parvenu à formuler le principe de l'attraction universelle (1). Prévoir toutes les circonstances du mouvement des astres, garantir, à une seconde près, leur retour, à n'importe quelle date, dans une position déterminée, tel est le miracle réalisé par cette doctrine. On l'a obtenu en réduisant les planètes à de simples points mathématiques, pour supposer ensuite leur masse concentrée en ces points et soumise à l'influence d'une force universelle, dépendant seulement des masses et des distances. N'était-ce pas légitimer, d'une manière absolue, non seulement les principes géné-

---

(1) On trouvera dans la *Revue de Philosophie* (numéro de mai 1905) un remarquable exposé, fait par M. Duhem, de la genèse des idées relatives à la gravitation.

raux admis, mais le mode particulier d'exposition usité dans la mécanique rationnelle ?

Ainsi s'est établi le solide crédit de cette science, tel que pendant longtemps on eût considéré comme une grave offense le fait de mettre en doute sur quelque point son absolue infaillibilité.

§ 3. — *Les imperfections de la mécanique.*

Telle était l'opinion régnante à la fin du xvIII^e siècle. Les choses ont bien changé depuis lors, comme le constatait récemment un maître en la matière, M. Emile Picard (1) :

« Depuis cette époque, dit-il, une analyse pénétrante a examiné à la loupe les fondements de l'édifice. En fait, là où les Lagrange et les Laplace trouvaient toutes choses simples, nous rencontrons aujourd'hui les plus sérieuses difficultés. Tous ceux qui ont eu à enseigner les débuts de la mécanique, pour peu qu'ils aient réfléchi par eux-mêmes, ont senti combien les expositions plus ou moins traditionnelles des principes sont incohérentes. »

De cette incohérence, M. Picard dénonce une cause : c'est le dualisme entre force et matière,

---

(1) *Quelques réflexions sur la mécanique* (1902).

qui semble faire le fond de l'ancienne mécanique, où la force apparaît comme un agent particulier qui est la cause de tout mouvement. En effet, d'un côté, une matière absolument incapable d'agir; de l'autre, une force, qui n'est ni spirituelle, ni matérielle, mais sans laquelle la matière n'est capable d'aucun mouvement, voilà le résumé de la mécanique usuelle. Basée sur des expériences courantes, qui par conséquent ne pouvaient tromper, la doctrine a singulièrement dépassé ce que lui fournissait l'observation. Par le choix des idées et des mots, elle a fait de la métaphysique.

Tout d'abord, il est permis d'accuser la loi d'*inertie* de faire intervenir, au moins dans les termes, une conception sujette à des malentendus. Ainsi qu'on l'a très bien dit (1) : « L'expression n'est pas heureusement choisie, car elle éveille l'idée d'une impuissance générale, d'une passivité, d'une impuissance complète d'action. Or un corps est au contraire le théâtre de phénomènes nombreux ; il possède la cohésion, l'affinité chimique ; il émet de la chaleur, des effluves électriques ; il collabore pour sa part à la gravitation universelle; il ne mérite donc pas la qualification d'inerte ».

Qu'est-ce d'ailleurs que la notion de *force* et

---

(1) De FREYCINET, *Les principes de la mécanique rationnelle*, p. 87.

de *point d'application?* Passe encore quand on exerce un effort visible, dont on connaît la source, et qu'une série continue d'organes appropriés transmet à un élément mobile: ou quand, à l'aide d'une corde qui se tend sous cet effort, on sollicite le mobile dans une direction déterminée. Mais lorsqu'il s'agit de la pesanteur et de la gravitation universelle, où réside l'effort moteur; où est la corde; où sont les organes de transmission? Que répondre à ceux qui nous diraient : « Votre force est un être imaginaire, que vous inventez pour les besoins du raisonnement. Vous devriez vous borner à dire que *les choses se passent comme si* une force, de telle direction, agissait suivant telle loi sur le mobile? »

Qu'est-ce aussi que la *masse?* Les uns disent que c'est la *quantité* de *matière* ou d'*inertie*, sans pouvoir expliquer en quoi consistent l'une et l'autre; quelques-uns en feront la *capacité dynamique*, ce qui est tout juste l'inverse, ou bien se borneront à la représenter d'après l'*accélération* que produit une force donnée ; d'autres enfin l'estimeront par l'évaluation dynamométrique de la force qui engendre un mouvement déterminé.

Tout cela sent bien la convention; et si cette convention reste guidée par des considérations expérimentales, elle n'en demeure pas moins, semble-t-il, fort éloignée de la réalité. Aussi

M. Poincaré (1), soumettant la notion de masse à une critique sévère, a-t-il pu écrire qu'à moins de se contenter d'à peu-près, on était « acculé à la définition suivante, qui n'est qu'un aveu d'impuissance : *les masses sont des coefficients qu'il est commode d'introduire dans les calculs.* »

Enfin le principe de l'indépendance des effets des forces reçoit une singulière atteinte du fait que deux champs de force peuvent s'influencer réciproquement, ce qui a lieu dans l'ordre des phénomènes électriques ; et on a fait remarquer que Galilée n'eût pas découvert cette règle si commode, si le mouvement propre de la terre avait été assez différent de ce qu'il est. Même aurait-on osé la formuler, si on avait su alors qu'à l'équateur, la pesanteur subissait une diminution appréciable, indépendante de celle qui est due à l'accroissement du rayon terrestre, et produite par la force centrifuge du mouvement de rotation ?

On comprend donc bien qu'un des plus éminents parmi les savants contemporains, Hertz, l'illustre inventeur de ces oscillations électriques que la télégraphie sans fil a popularisées, n'ait pas craint de se demander si les principes de la mécanique étaient rigoureusement vrais. « Dans

(1) *La Science et l'Hypothèse*, p. 127.

l'opinion de beaucoup de physiciens, écrivait-il, il apparaîtra comme inconcevable que l'expérience la plus éloignée puisse jamais changer quelque chose aux inébranlables principes de la mécanique; et cependant ce qui sort de l'expérience peut toujours être rectifié par l'expérience. »

De cela, rapprochons ce qu'a écrit M. Poincaré (1) : Après avoir constaté que des observations, en somme assez grossières, étaient traduites par nous en lois générales, auxquelles nous conférons, à titre de conventions, une certitude absolue, il ajoutait : « La loi de l'accélération, la règle de la composition des forces ne sont-elles donc que des conventions arbitraires? Conventions, oui; arbitraires, non; elles le seraient si on perdait de vue les expériences qui ont conduit les fondateurs de la science à les adopter et qui, si imparfaites qu'elles soient, suffisent à les justifier. Il est bon que, de temps en temps, on ramène notre attention sur l'origine expérimentale de ces conventions. »

C'est ce que paraissent avoir perdu de vue des savants de haute valeur, qui, pour échapper aux « incohérences » des énoncés fondamentaux, se sont ingéniés à construire une doctrine exempte de la moindre apparence de prétention à la mé-

---

(1) *op. cit.*, p. 133.

liquide et gazeux. Quelques doutes qu'on puisse se plaire à jeter sur le bien fondé des conceptions moléculaires, ce que personne ne peut contester, c'est que, dans chacun de ses états, la matière ne possède une énergie thermique, poussée à son maximum dans les gaz, mais ne s'annulant jamais dans les solides ; car les particules de ceux-ci vibrent autour de leurs positions moyennes, avec une intensité qui définit précisément la température du corps. La notion du zéro absolu, introduite seulement par la considération des gaz, correspond au cas où les mouvements de leurs particules deviendraient nuls ; mais bien avant ce moment, tout corps aurait passé de l'état gazeux à l'état solide ; et si, pour ce dernier état, il pouvait y avoir un zéro absolu, correspondant à l'absence de toute vibration moléculaire, ce serait sans aucun doute la destruction même de ce que nous appelons la matière, qui dès ce moment devrait cesser d'être perceptible.

On objectera peut-être que la température est est le résultat d'une action calorifique extérieure, qui règle l'état des corps sans affecter leur individualité, à laquelle elle demeurerait étrangère. Nous répondrons qu'il nous est physiquement impossible de concevoir un objet sans température, et que, si l'on veut fonder la mécanique sur l'expérience, c'est aux corps existants qu'il faut s'adresser, et non à l'être de raison, sans représentation imaginable, que pourrait être une molécule au zéro absolu.

C'est pourquoi il nous semble permis de dire que la séparation complète de la matière et du mouvement, base de la mécanique usuelle, est purement artificielle. Elle peut être commode; mais elle ne s'impose pas. Le seul domaine où elle soit sans aucun inconvénient est celui de l'astronomie, où l'énorme distance qui sépare les astres les uns des autres autorise à voir en eux, du moins pour ce qui concerne leurs mouvements, de simples points matériels; absolument comme, examinées dans les plus fortes lunettes, des étoiles incomparablement plus grandes que notre terre nous apparaissent comme des points lumineux.

Pour cette raison, plus la dimension des objets diminue, plus l'application de la mécanique rationnelle devient difficile ; et tandis qu'il existe une *mécanique céleste* impeccable (et encore, grâce à cette circonstance, que la masse du soleil est immensément supérieure à celle des planètes) on peut dire que la *mécanique moléculaire* est encore à faire. Cela tient à ce que, plus nous nous rapprochons des derniers éléments des corps, moins l'affirmation de l'inertie devient légitime. Il n'est pas une parcelle de matière que nous puissions considérer comme dépourvue d'énergie et, qui plus est, d'une énergie capable de se manifester sous des formes très diverses. Que cette énergie soit inhérente à la matière et doive servir seule à la définir, comme le pensait Boscowich, ou qu'elle ait besoin de s'appuyer sur quelque *substratum*, peu importe ; aucune particule matérielle ne saurait répondre à cette conception d'un point simplement doué de masse résistante, et incapable de se mettre en mouvement sans l'intervention d'une puissance extérieure.

On peut accentuer ce côté défectueux de la mécanique usuelle, en insistant sur la différence qui sépare son procédé de celui des sciences de l'étendue et des nombres. Celles-ci idéalisent la matière, en l'élevant au-dessus de sa condition normale. La mécanique traditionnelle se contente de la simplifier, mais en l'abaissant en quelque sorte par le concept de l'inertie. Aussi, à côté d'elle, une autre doctrine a-t-elle surgi, qui doit finir par l'absorber, bien que ses origines la rattachent à la physique. C'est ce qu'on appelle aujourd'hui l'*Energétique*. Celle-là n'établit pas un dualisme entre matière et force. Elle ne met en avant qu'une notion, celle de la puissance de travail. Issue d'une découverte faite dans le domaine de la physique, à savoir l'équivalence entre le travail et la chaleur, elle n'a pas tardé à élargir son cadre, en y faisant rentrer toutes les formes de l'énergie, non seulement celles qui intéressent la physique, mais aussi celles que mettent en jeu les réactions chimiques. C'est donc à elle, synthèse de toutes les causes de mouvement, de transfigurer la mécanique, en se tenant beaucoup plus près de la réalité que ne faisait cette dernière.

Déjà on est entré pleinement dans cette voie. Comme spécimen des premiers résultats obtenus, il nous paraît opportun de citer les intéressantes conclusions auxquelles viennent d'arriver des savants distingués, experts dans le maniement des équations de la dynamique (1) : C'est d'abord que la notion d'une masse unique et invariable a fait son temps, et doit être remplacée par plusieurs concepts distincts, où peut intervenir la considération de la vitesse ; c'est ensuite que la dynamique classique peut être simplement définie : *l'étude d'un état de mouvement infiniment voisin de l'état de repos.*

Combien cette formule devra paraître déconcertante aux écoles qui, dans leur satisfaction de posséder un instrument qu'elles jugeaient infaillible, ont si longtemps caressé le rêve de réduire tous les phénomènes de la nature, soit à l'ancien

---

(1) E. et F. COSSERAT, *Comptes rendus* de l'Académie des Sciences, CXL, p. 932 (3 avril 1905).

mécanisme cartésien, uniquement composé de figures et de mouvements, soit au mécanisme classique des masses inertes et des forces de convention !

De cela, nous rapprocherons une autre constatation, due à un maître, M. Maurice Lévy (1), à propos du principe qui veut que rien ne soit changé quand on applique en un point deux forces égales et contraires. Quelle expérience, sinon très grossière, peut vérifier ce principe, qui n'a de sens que pour un point idéal ? Quel est le corps, même très solide, où cette application de deux forces contraires serait sans résultat ? « Il doit y avoir quelque chose de changé que nous ignorons. Il faut arriver à le savoir. Au fond, c'est dans cette voie que sont dirigés les travaux inaugurés par Helmholtz et poursuivis par d'éminents géomètres sur les forces *cachées*, aussi bien que les conceptions de Hertz, basées sur l'existence du milieu actif caché où tout se meut. »

L'affirmation d'un *milieu actif*, substituée au classique énoncé de l'inertie, rien ne saurait, mieux que cette formule, caractériser l'évolution qui se prépare.

Tout cela n'empêche pas l'ancien édifice de la mécanique rationnelle d'être infiniment respec-

---

(1) *Journal des Savants*, 1902, p. 252.

table ; et ceux qui l'ont construit méritent une grande reconnaissance, pour les services rendus dans une foule de domaines, notamment dans celui de l'astronomie. Seulement, comme le proclament aujourd'hui les meilleurs connaisseurs, ce serait une grande erreur de considérer cette doctrine comme intangible, encore moins comme nécessaire. Non seulement la part du contingent y est beaucoup plus forte que dans les sciences du nombre et de l'étendue ; mais on a le droit de dire que, sous sa forme usuelle, elle peut ne représenter qu'une approximation assez grossière. Ce n'est donc nullement une impiété d'en signaler tout haut les défectuosités, et de dire que les prétentions au *mécanisme* universel, si souvent et si fièrement affirmées, feront bien de baisser le ton jusqu'à ce qu'elles aient réussi à s'appuyer sur une base plus solide.

CHAPITRE III

LES SCIENCES D'OBSERVATION

§ 1. — *Le rôle des sciences d'observation.*

Après avoir envisagé successivement les sciences où dominent les notions abstraites, et qui pour ce motif empruntent presque exclusivement le langage des mathématiques, il convient de porter notre attention sur les branches de nos connaissances où c'est l'observation qui joue le plus grand rôle. Ici il ne saurait être question de méconnaître à aucun degré le caractère de contingence des notions. Ce qu'il importe, c'est de savoir dégager les enseignements généraux qui en découlent.

Tout d'abord, en quoi doit consister l'investigation scientifique de la nature ? Doit-elle se borner à enregistrer ce qu'on appelle des *faits*, et à les cataloguer dans un ordre méthodique, afin d'y trouver des recettes pratiques, en vue de la satisfaction de nos divers besoins ? Ce serait rabaisser singulièrement le rôle des sciences, et pourtant c'est de cette façon étroite qu'il a été conçu par divers esprits.

M. Poincaré rappelle que Carlyle a écrit quelque part : « Le fait seul importe, Jean-Sans-Terre a passé par ici ; voilà ce qui est admirable, voilà une réalité pour laquelle je donnerais toutes les théories du monde. » Après avoir cité cette boutade, où l'exagération de la manie pratique des Anglais est poussée à son comble, M. Poincaré ajoute (1) :

« Carlyle était un contemporain de Bacon ; mais Bacon n'aurait pas dit cela. C'est là le langage de l'historien. Le physicien dirait plutôt : « Jean-Sans-Terre a passé par ici : cela m'est bien égal, puisqu'il n'y repassera plus. »

Sans doute, l'expérience est la source unique de la vérité scientifique ; d'elle seule nous pouvons apprendre quelque chose de nouveau ; elle seule peut nous donner la certitude ; la déserter pour construire des systèmes *à priori* serait déplorable. Mais, dit encore excellemment M. Poincaré : « Il ne suffit pas d'observer ; il faut se servir de ses observations, et pour cela il faut généraliser. C'est ce qu'on a fait de tout temps... Se contenter de l'expérience toute nue, ce serait

---

(1) *Op. cit.*, pp. 167, 168.

méconnaître complètement le véritable caractère de la science. Le savant doit *ordonner ;* on fait de la science avec des faits comme une maison avec des pierres ; mais une accumulation de faits n'est pas plus une science qu'un tas de pierres n'est une maison. »

« Ordonner ! » voilà bien en effet le mot qui résume toute investigation digne du nom de science. La notion d'ordre est vraiment à la base de la recherche scientifique. Mais il ne s'agit pas ici de cet ordre purement artificiel, avec lequel on parvient à donner un aspect satisfaisant à une collection quelconque d'objets, et qui se résume en un rangement matériel, tout au plus propre à faciliter les recherches. L'ordre dont il s'agit est celui qui existe au fond des choses, et dont nous avons le sentiment inné. Ce sentiment nous conduit à rapprocher les uns des autres tous les faits que l'observation nous révèle, afin de voir si ce rapprochement ne mettrait pas en évidence certaines relations constantes. Une fois ces relations trouvées, ou bien elles nous feront entrevoir de suite des rapports de cause à effet, que nous nous appliquerons à approfondir ; ou du moins elles se présenteront avec une telle constance, qu'en attendant la vraie définition du lien de causalité, nous aurons le droit d'établir entre ces faits une relation obligatoire ; de sorte que, quand quelques-uns d'entre eux se reproduiront, nous nous croirons autorisés à annoncer le retour des autres.

Cette annonce, s'il s'agit d'une science incomplète, pourra parfois se trouver en défaut. En effet (et ici encore nous allons citer M. Poincaré), « la méthode des sciences physiques repose sur l'induction qui nous fait attendre la répétition d'un phénomène quand se reproduisent les circonstances où il avait une première fois pris naissance. Si *toutes* ces circonstances pouvaient se reproduire à la fois, ce principe pourrait être appliqué sans crainte ; mais cela n'arrivera jamais ; quelques-unes de ces circonstances feront toujours défaut. Sommes-nous absolument sûrs qu'elles sont sans importance ? Évidemment non. Cela pourra être vraisemblable, cela ne pourra pas être rigoureusement certain. De là le rôle considérable que joue dans les sciences physiques la notion de probabilité (1) ».

Quoi qu'il en soit, c'est à cette prévision des événements que doit aspirer la science. On l'a dit expressément : « Savoir, c'est prévoir. » L'homme qui, de la connaissance des faits, ne saurait tirer aucune conclusion pour l'avenir, serait aussi inutile à la science que le collectionneur ignorant, qui entasse sans discernement toutes sortes d'objets

---

(1) *Op. cit.*, p. 6.

sur des rayons. L'observation des astres a pour but de nous apprendre à quels moments nous les reverrons dans certaines positions, dont la connaissance importe à la satisfaction des besoins de l'humanité. L'étude de la météorologie ne mérite le nom de science que quand elle nous renseigne sur la marche des perturbations atmosphériques et sur le caractère probable des saisons prochaines. De même, à quoi bon analyser la structure de l'écorce terrestre, si cela ne doit pas fournir des éléments de direction pour une fructueuse recherche des substances utiles ?

Cet espoir de prévision devrait être abandonné si l'expérience infligeait des démentis au sentiment inné de l'ordre qui inspire le véritable homme de science. Au contraire, la belle ordonnance des choses naturelles se manifeste plus clairement à mesure que l'observation progresse ; si bien que chaque science en particulier pourrait être définie : un effort vers la connaissance de l'ordre qui préside à une catégorie déterminée de phénomènes.

Cela posé, toutes les sciences d'observation sont appelées à traverser les mêmes étapes. Elles commencent par recueillir des *faits*, d'où elles dégagent de suite quelques notions abstraites. Puis elles aperçoivent entre ces notions des rapports, qui, une fois leur constance reconnue, deviennent des *lois expérimentales*. Il reste ensuite à donner la raison de ces lois. C'est l'objet des *théories*, qui fournissent de véritables *explications* quand elles parviennent à la connaissance de la réalité; tandis qu'elles demeurent des *hypothèses*, aussi longtemps qu'elles se bornent à résumer et à classer logiquement un ensemble de lois, sans pouvoir affirmer que le cadre ainsi composé corresponde absolument à la vérité.

Comme exemple de cette gradation, nous prendrons ce qui se passe pour l'Acoustique, en nous inspirant d'un lumineux exposé, présenté par M. Duhem dans la *Revue de Philosophie* (1).

Les sons produits par les instruments de musique ont éveillé en nous des *sensations auditives*, dont le souvenir nous est resté très présent. Ce sont des *faits acoustiques*.

Ces sensations sont essentiellement particulières et concrètes. Un sauvage se contenterait d'y voir une jouissance ou une souffrance, sans se préoccuper de les définir, encore moins de les analyser. Mais l'intelligence cultivée élabore ces impressions, et parvient à en dégager une série de notions générales et abstraites. Nous apprenons ainsi à distinguer l'intensité des sons, puis leur hauteur variable, ensuite la faculté qu'ils ont de

(1) Numéro du 1ᵉʳ avril 1904.

s'associer pour produire les impressions très distinctes et particulièrement agréables d'unisson, d'octave, d'accord parfait ; enfin l'oreille discerne cette qualité du timbre, qui permet de reconnaître par quel instrument un son a été produit.

C'est alors qu'intervient l'étude des rapports permanents qui peuvent relier ces notions entre elles et avec d'autres notions, également abstraites et générales. Le jour où ces rapports peuvent être exactement définis, on est en possession des *lois expérimentales de l'acoustique.* Ainsi, par exemple, on apprend à fixer les rapports de dimensions de deux cordes de même métal, qui rendent des sons de même hauteur, ou séparés par un intervalle d'une octave, ou bien encore les longueurs relatives que doivent posséder des tuyaux, fermés ou ouverts, de même section, pour rendre une série déterminée de sons, etc.

Sur la connaissance de ces lois expérimentales va s'édifier maintenant la *théorie acoustique.* On remarque d'abord que, pour produire un son avec un instrument, il faut, ou y insuffler de l'air, ou le mettre en vibration visible et rapide, comme on le constate avec le diapason. On s'assure d'ailleurs que ces vibrations ne sont sonores que quand elles s'exécutent dans l'air, et il est aisé d'en conclure que le son est l'effet, produit sur notre oreille, par un mouvement périodique très rapide de l'air ambiant, l'intensité du son étant proportionnelle à l'amplitude des vibrations, tandis que la hauteur est en rapport avec leur fréquence. L'exactitude de cette théorie trouve sa confirmation dans l'invention d'un instrument, tel que la sirène, qui reproduit les sons à volonté, en fournissant du même coup l'exacte mesure du nombre d'oscillations. Il ne manquera plus rien à l'explication du phénomène, le jour où, ayant découvert que, suivant l'instrument mis en jeu, un son principal peut être accompagné d'un cortège très variable de sons concomitants, dont les vibrations ont avec celles du son fondamental des rapports d'une remarquable simplicité, et qu'on appelle ses *harmoniques*, on aura reconnu de plus que la qualité du timbre résulte de l'appréciation, délicatement faite par l'organe interne de l'oreille, du nombre et de la hauteur des harmoniques produits par chaque nature d'instruments.

Ici l'explication est parfaite ; la théorie, cessant d'être une hypothèse, atteint la certitude empirique. Mais il est rare qu'une théorie physique puisse s'élever à un tel degré d'accomplissement. Le plus souvent il faut se contenter d'une hypothèse, qui reste en dehors de toute vérification péremptoire, et ne fait pas connaître avec certitude la cause de nos perceptions, se bornant à indiquer que celles-ci se produisent *comme si* la réalité, provisoirement inaccessible, répondait à l'*image* qu'en donne l'hypothèse.

Tel est en particulier le caractère actuel des théories optiques. L'hypothèse des vibrations de l'éther est invérifiable pour nos sens ; elle oblige à poser certains postulats que l'expérience ne saurait atteindre. Ces postulats, une fois admis, entraîneraient des conséquences de tout point conformes aux lois que l'expérimentation a établies ; mais rien ne dit qu'on n'aurait pas pu obtenir la même concordance d'une autre manière. Pour le moment, la nature et même l'existence de l'éther échappent à toute vérification directe, de sorte qu'on ne peut réclamer en leur faveur le consentement universel dont peut se prévaloir la théorie acoustique.

Cela veut-il dire que les hypothèses devraient être écartées de la science ; et qu'après avoir vu si souvent une théorie céder la place à une autre, on ferait sagement de s'éloigner avec le même dédain de toute tentative de ce genre, pour considérer exclusivement les rapports expérimentaux ? En aucune façon ; car le rôle de l'hypothèse, quand elle n'est pas lancée au hasard, est toujours fécond. C'est elle qui sert de guide et de flambeau à l'expérimentateur, en lui suggérant l'expérience à faire pour vérifier sur quelque point capital la théorie déjà conçue. Si cette épreuve réussit, l'hypothèse en sort victorieuse ; sinon, c'est la science qui s'enrichit d'une notion nouvelle, qu'un théoricien mieux avisé saura grouper avec les autres en une synthèse moins imparfaite.

§ 2. — *La méthode dans les sciences physiques.*

D'après ce qui vient d'être dit du caractère forcément provisoire, parfois même tout à fait artificiel, de la plupart des théories physiques, il semblerait que la prudence dût conseiller de ne pas donner à l'énoncé des hypothèses une trop grande rigueur, et qu'ainsi il fût à propos de réserver exclusivement l'usage du langage mathématique aux branches de nos connaissances parvenues à un haut degré de perfection. Comment donc se fait-il que, dans presque tout le domaine de la physique, l'emploi de ce langage soit devenu courant ?

Cela tient à ce que, devant l'habituelle complexité de tout phénomène, il importe toujours de le diviser en *phénomènes élémentaires*, dont la superposition soit susceptible de l'engendrer, pourvu que tous soient semblables entre eux. Comme l'a dit M. Poincaré (1), l'homogénéité

---

(1) *Op. cit.*, p. 187.

approchée de la matière étudiée par les physiciens rend possible cette similitude.

Ainsi, ayant à étudier la répartition de la chaleur sur un corps de forme connue, on commence par chercher comment cette chaleur peut se propager d'un point à ceux qui en sont immédiatement voisins; ou bien, au lieu d'aborder de front le développement d'un phénomène dans le temps, on s'efforce simplement de relier chaque instant à l'instant immédiatement antérieur. Ce sont là des *faits élémentaires*, semblables entre eux, dont les mathématiques viendront à propos exprimer la loi, en vertu de leur aptitude originelle à combiner le semblable au semblable, et ensuite parce que tout phénomène comporte le déplacement dans l'espace ou le temps de quelque grandeur susceptible de mesure. Le fait *élémentaire* n'est autre chose que la *différentielle* du phénomène total. L'expression qui lui convient est alors l'*équation différentielle* de celui-ci; et c'est l'*intégration* de cette équation qui, faisant passer du particulier au général, pourra nous mener par combinaison à la détermination du fait complexe, que l'expérience sera ensuite appelée à vérifier. Si la vérification fait défaut, ou si elle est incomplète, c'est que l'équation élémentaire a été mal posée, ou qu'on n'a pas tenu compte de tous les éléments du problème.

La rigoureuse précision des formules de la *physique mathématique* ne doit donc pas nous faire illusion. Ce qui peut être *mathématiquement démontré* dans ce domaine, c'est que *si les prémisses posées dans les équations différentielles sont exactes*, la conséquence sera sûrement celle que l'intégration fait ressortir. Mais les prémisses peuvent toujours être discutées ; d'autant mieux que, pour rendre les calculs possibles, on débute invariablement par quelque hypothèse, qui simplifie la question beaucoup plus peut-être que la chose ne le comporte.

Ainsi, quand on pose les équations initiales, on commence par admettre que, pour un changement infiniment petit, l'accroissement de la fonction est proportionnel à celui de la variable ; ce qui revient à dire que, si l'on suit une courbe, pour chaque étape infiniment petite, le chemin parcouru se confondra avec la direction de la tangente à la courbe. De plus, on s'arroge le droit de traiter les *petits mouvements* comme s'ils obéissaient à une loi beaucoup plus simple que celle qui régit les plus grands.

Ce n'est pas tout : le *continu mathématique* s'introduit de force, dès le début, dans la manière de traiter les problèmes. D'habitude, une propriété physique quelconque est regardée comme variant d'une manière continue d'un point à un autre d'un corps, ce qu'on exprime en considérant cette propriété comme une *fonction continue des coordonnées* des points du corps. La fonction, entre deux valeurs, est ainsi assujettie à passer par toutes les valeurs intermédiaires. Or s'il est commode, et la plupart du temps sans inconvénient, à cause de l'extrême petitesse des intervalles particulaires, de substituer au milieu réel un milieu continu, n'est-ce pas, au fond, une convention contradictoire avec l'essence même de la matière pondérable, qui paraît être la *discontinuité?*

A la vérité cette question n'est pas envisagée de même par tous les esprits. Il en est qui, las d'avoir vu construire, pour expliquer la structure des corps, tant de systèmes d'images, destinés à s'écrouler les uns après les autres, se réfugient volontiers dans cet empyrée de la continuité, d'ailleurs si commode pour les mathématiciens, et où l'on ne court plus le risque de voir faux, puisqu'on se résigne à ne rien voir du tout.

Cependant il faut le reconnaître, plus la science marche, et plus elle semble s'orienter définitivement vers le discontinu. Les électrons, les ions, les corpuscules radiants, qui ont pris récemment une si grande place dans les préoccupations des physiciens, plaident tous en faveur de cette conception. Il est donc probable que la matière pondérable se compose d'individus distincts, et que, de l'un à l'autre, les propriétés doivent éprouver des sauts brusques, ce qui exigerait une représentation mathématique beaucoup plus compliquée que ne sont les fonctions usuelles. Peut-être, dans plus d'un cas, serait-on conduit à se rapprocher de ces exceptions, que M. Poincaré a spirituellement appelées les *cas tératologiques* de l'analyse, comme les singulières courbes qui n'ont pas de tangentes, ou celles qui, au lieu de se réduire à une ligne unique, embrassent une bande d'une certaine largeur.

C'est encore l'idée qu'a exprimée M. E. Picard (1), lorsqu'il a écrit que, vu la complexité croissante des phénomènes naturels dont nous devons aborder l'étude, il n'est nullement téméraire de penser qu'on puisse être conduit à employer, pour leur représentation, d'autres fonctions que les fonctions analytiques.

Pour tous ces motifs, on comprend sans peine qu'en physique mathématique, les théories soient exposées à se succéder, n'ayant chacune qu'un crédit éphémère. Et en les voyant disparaître les unes après les autres, des esprits superficiels pourraient se croire en droit d'affecter vis-à-vis de la science un scepticisme dédaigneux.

---

(1) *Exposition de 1900. Rapport sur les sciences.*

Un tel sentiment serait mal justifié ; car il n'est pas de théorie, même définitivement abandonnée, qui n'ait rendu de grands services. Pourrait-on méconnaître le rôle immense de Newton, sous prétexte que sa doctrine de l'émission lumineuse a dû céder le pas à celle des ondulations d'Huyghens et de Fresnel ? Et qui pourrait penser que le génie de ce dernier se trouve amoindri, parce qu'on tend à abandonner son hypothèse pour la théorie électromagnétique de Maxwell? Les uns et les autres ont su reconnaître l'existence de rapports entre diverses abstractions tirées du monde réel. Mais l'image qu'ils se faisaient de ce dernier a influé sur les noms des abstractions désignées dans ces rapports. Ce que l'un appelait mouvement de translation, ce dont l'autre faisait une vibration, un troisième l'appellera courant électrique. Un jour peut-être concevra-t-on quelque image différente, qui par son accord avec les faits devra paraître plus satisfaisante. Mais la grande affaire est que les rapports continuent à être exacts, et permettent toujours de prévoir les phénomènes.

Nous voulons savoir ce qu'il adviendra, si une lame mince cristalline, taillée dans un certain sens, est traversée par un rayon de lumière dans un microscope polarisant. L'analyse de Fresnel nous permet de le prévoir dans tous les détails, et les formules restent exactes, parce que les rapports ont été justement appréciés, quand même on repousserait la conception fondamentale qui a servi à l'établissement de la théorie, c'est-à-dire celle d'un milieu vibrant impondérable.

C'est ainsi qu'après avoir cru que certaines doctrines étaient absolument condamnées par l'expérience; on les voit tout à coup renaître de leurs cendres. Ici encore, citons M. Poincaré (1).

« Il y a quinze ans à peine, y avait-il rien de plus ridicule, de plus naïvement vieux jeu que les fluides (électriques) de Coulomb ? Et pourtant les voilà qui reparaissent sous le nom d'*électrons*. En quoi ces molécules électrisées d'une façon permanente diffèrent-elles des molécules électriques de Coulomb? ». Les rapports énoncés étaient vrais; plus tard on avait cru devoir les exprimer dans un autre langage; il se trouve que la formule primitive, légèrement modifiée, répond mieux aux faits observés que la transformation qu'on lui avait fait subir. N'en sera-t-il pas de même pour la lumière, puisqu'on parle maintenant de corpuscules lumineux, ce qui donne l'espoir qu'un jour l'émission de Newton et les ondulations de Fresnel en arriveront à s'embrasser dans une synthèse plus complète ?

(1) *Op. cit.*, p. 194.

Dans toute théorie, pourvu qu'on ait énoncé des rapports exacts et qu'on n'ait pas eu du même coup la mauvaise fortune de méconnaître des rapports réels, l'intervention des mathématiques est avantageuse, parce qu'elle donne aux notions une précision particulière, et permet de déduire des conséquences qu'il eût été fort difficile d'entrevoir autrement. Dans ces conditions, les formules deviennent fécondes, et rendent bien le service qu'on doit attendre d'une science, qui est de faciliter la prévision des phénomènes.

Il est bien certain que, dans l'immense majorité des cas, la science ne peut pas espérer de pénétrer jusqu'à l'essence des choses. Doit-elle pour cela renoncer à l'espoir de s'en rapprocher de plus en plus? Nous ne le croyons pas; et notre conviction est, au contraire, qu'elle y marche par approximations successives, chaque progrès de l'hypothèse étant marqué par une conquête, dont le bénéfice est désormais acquis.

A la vérité, à mesure que les détails se précisent, leur complexité croissante fait surgir de nouveaux problèmes, capables d'éloigner encore le but qu'on se flattait d'atteindre. Mais, dût cette complication n'avoir pas de terme final, que de satisfactions la science peut récolter en route, et combien son rôle doit paraître noble à ceux qui ne lui demandent pas l'impossible!

L'homme ne commence pas ici-bas par la métaphysique. Tout au contraire, il subit l'empire de nombreuses nécessités, dont la satisfaction exige beaucoup d'efforts et de dépenses. Les réduire au minimum doit être sa première ambition. Pour cela, il fait systématiquement appel à l'expérience des générations, afin de se préserver des tâtonnements inutiles. Ainsi se constitue peu à peu un trésor de recettes pratiques, lesquelles, spécialisées par catégories, engendrent des *arts*. Mais les recettes de chacun de ces arts ne sont que l'affirmation plus ou moins inconsciente de rapports constants. Si, au commencement, l'énoncé de ces rapports visait des objets concrets, peu à peu, en se précisant, ils s'épurent, s'idéalisent et finissent par ne plus embrasser que des abstractions.

A ce moment, une science est fondée qui, chaque jour, va s'enrichir de lois, basées sur l'expérience, par lesquelles notre faculté de prévision s'étendra de plus en plus. Mais là ne se borne pas l'effort de l'esprit. Dépassant de beaucoup la portée des besoins qui ont engendré la science, l'intelligence cherche à grouper toutes les lois découvertes en une synthèse qui les rattache étroitement les unes aux autres. C'est le rôle des théories, et on peut dire qu'elles ont bien rempli leur tâche si, même en se renversant les unes les autres, elles n'ont cessé de manifester de plus en plus l'ordre et l'harmonie, dont le besoin, inné en nous, avait suscité ces incursions dans le domaine de l'hypothèse. Que ce résultat soit vraiment atteint, pour qui regarde impartialement l'état actuel de nos connaissances, et ne se refuse pas le plaisir d'y chercher de hauts enseignements, c'est ce que nous allons maintenant chercher à démontrer.

CHAPITRE QUATRIÈME

L'ORDRE DANS LA CRÉATION.
LE PRINCIPE DE LA MOINDRE ACTION.

§ 1. — *L'ordre et l'harmonie dans le monde.*

L'ordre et l'harmonie qui règnent dans la Création se manifestent par les lois, généralement très simples, auxquelles les phénomènes se montrent assujettis. Déjà nous avons insisté sur la genèse de ces lois. Les passer toutes en revue serait sortir du cadre de cette étude. Contentons-nous d'en considérer quelques-unes, afin d'en bien établir les caractères et de mettre en évidence les grands enseignements qui en découlent.

La première loi qui doive ici trouver place est celle de la *gravitation universelle*. Là, pas d'exception ; depuis le plus minime objet qui tombe à la surface de la terre, jusqu'à la planète lointaine, que le télescope n'aurait pas eu l'idée d'aller chercher, si le calcul fondé sur la connaissance de cette loi n'avait fait deviner l'existence d'un astre inconnu, tout est soumis à son empire, et les récentes conquêtes opérées par l'astronomie stellaire, dans le domaine des étoiles doubles, ont montré que son action s'étendait sur tout l'univers visible.

Quant à l'expression même de la loi, celle que Newton lui a donnée, on sait comment il y a été conduit. Les observations de Tycho-Brahé avaient révélé à Képler les *lois expérimentales* du mouvement des planètes, c'est-à-dire la connaissance de la forme des orbites, ainsi que celle des rapports qui existent entre les dimensions de ces courbes et la durée des révolutions planétaires.

Le génie de Newton a vu que ces lois expérimentales pouvaient se résumer en une seule formule, si on admettait que les corps s'attirent proportionnellement aux masses et en raison inverse du carré des distances. Telle est l'*hypothèse*, car c'en est une, de la gravitation universelle. Newton n'a d'ailleurs rien affirmé quant à la nature de cette force, où beaucoup ont voulu voir une action à distance, sur laquelle il avait eu soin de ne pas se prononcer. Quel qu'en puisse être le mécanisme, les choses se passent comme si cette force existait. La formule, merveilleusement simple, suffit à expliquer tous les mouvements qui s'accomplissent hors de notre terre, et c'est sur cette base unique que la Mécanique céleste a élevé son admirable édifice, réussissant à prédire, à deux siècles de distance, avec une approximation d'une seconde de temps, le moment où un astre quelconque sera vu de la terre dans une position déterminée.

Si « savoir, c'est prévoir », la science a ici pleinement rempli son but ; et, par surcroît, elle a fait ressortir la merveilleuse simplicité du mécanisme sidéral.

Cette simplicité n'est-elle qu'une apparence? On aurait pu le penser lorsque, dès l'époque même de Newton, le progrès des instruments d'optique fit ressortir, entre les observations et la théorie, des divergences assez troublantes. Ce fut le mérite de la Mécanique céleste de découvrir, dans ces perturbations, une conséquence de la loi même qu'elles semblaient devoir ébranler. Il fut alors aisé de se convaincre qu'une simplicité réelle peut exister au fond des choses, et pourtant rester plus ou moins masquée par d'apparentes complications.

On l'a souvent et à bon droit répété : si Tycho-Brahé avait eu à sa portée les instruments perfectionnés des observatoires modernes, jamais Képler n'eût pu déduire de ses calculs les lois qui l'ont immortalisé, et dont Newton a su faire l'admirable synthèse. Ces perturbations qui, une fois la synthèse construite, ont pu être facilement rattachées à la loi qu'elles paraissaient contredire, eussent masqué les coïncidences que des appareils heureusement plus grossiers avaient permis d'enregistrer. Peut-être les difficultés que rencontre aujourd'hui l'établissement de certaines doctrines scientifiques tiennent-elles à la trop grande précision des observations. Car la science est parvenue à ce point qu'en bien des cas l'erreur imputable aux instruments est d'un ordre égal, parfois même inférieur, à la variabilité naturelle des éléments qu'on cherche à mesurer.

Quoi qu'il en soit, il ne suffit pas à la gravitation universelle d'avoir traversé cette épreuve. Plusieurs exigent davantage et voudraient que son expression pût embrasser, non seulement les mouvements planétaires et stellaires, comme les règles de la chute des corps, mais aussi les déplacements des plus petites particules de la matière. Dans ce cas, ils estiment que la formule newtonienne devrait revêtir une forme plus compliquée, pouvant contenir des termes qui deviendraient négligeables quand on se bornerait à la considération des grandes masses et des grandes distances, mais faisant perdre à la loi le bénéfice de sa simplicité.

A cet égard, on peut penser ce qu'on veut. Le domaine de l'astronomie nous semble assez vaste et le genre de besoins auxquels elle a mission de pouvoir est assez nettement spécialisé, pour qu'une loi qui régit tout ce domaine soit regardée comme suffisante ; et c'est peut-être trop d'ambition de vouloir embrasser du même coup le monde de l'infiniment petit et celui de l'infiniment grand. Ce que nous restons en droit d'affirmer, c'est que, au moins dans le monde sidéral, il règne un ordre admirable, et que la formule en est merveilleusement simple.

En même temps, il faut reconnaître franchement que cette formule n'atteint pas l'essence des choses. Elle ne nous renseigne pas sur la cause du mouvement qui semble précipiter les corps les uns vers les autres. Si nous voulons aller plus loin, il faut faire d'autres hypothèses, par exemple celle de M. Marx (1), pour qui les corps pondérables agissent comme des centres de dépression sur un éther universel, dont les propriétés seraient celles d'un gaz parfait. De sorte que deux corps, se faisant naturellement écran, introduiraient entre eux un déficit de tension qui les pousserait l'un vers l'autre. Mais, qu'on adopte cette hypothèse ou qu'on en cherche une différente, les lois expérimentales du mouvement des astres et la loi dite de la gravitation n'en gardent pas moins leur belle simplicité, et continuent à remplir dans

(1) *L'Ether, principe universel des forces*, Paris, Gauthier-Villars, 1901.

toute sa perfection le double office des lois physiques, qui est de nous aider à prévoir les phénomènes et de faire resplendir l'ordre auquel ils obéissent.

.·.

Après avoir envisagé l'infiniment grand des mondes sidéraux, portons maintenant notre attention sur la matière terrestre, en la prenant sous sa forme la plus simple, celle des corps minéraux. La manifestation de l'ordre n'y sera pas moins frappante, non plus dans le mouvement, mais dans la disposition réciproque des parties, si nous l'étudions là où elle se révèle sans contrainte, c'est-à-dire dans les cristaux.

L'expérience nous apprend que, si un corps est obligé de passer brusquement de l'état fluide à l'état solide, il présente un arrangement confus, et ne constitue qu'une masse amorphe, épousant les formes du récipient où la solidification s'est produite. Il en est tout autrement quand celle-ci s'effectue avec une grande lenteur, à l'abri de toute cause de trouble; par exemple quand on laisse une dissolution s'évaporer dans l'atmosphère invariable d'une cave, durant des semaines ou même des mois. Alors on voit se former des *cristaux*, c'est-à-dire des corps bien définis, limpides, terminés par des faces remarquablement planes et miroitantes, lesquelles, en se rencontrant, donnent naissance à des arêtes vives d'une merveilleuse finesse ; tels les beaux groupes de cristaux de roche qu'on trouve dans les filons de l'Oisans, et qui, par la netteté sans pareille de leurs arêtes et de leurs faces, nous donnent ici-bas la représentation la plus parfaite, on pourrait même dire la seule à peu près parfaite, de ce que les géomètres appellent la ligne droite et le plan.

Cette suprême expression de l'ordre matériel doit évidemment être envisagée comme la traduction extérieure d'un arrangement interne spécial ; et la cause de cet arrangement se devine de suite, en raison du repos qui a présidé à la formation des cristaux ; ce doit être la tendance à l'acquisition du maximum de stabilité. Déjà il est clair pour nous qu'une surface absolument exempte d'aspérités, comme est celle des facettes cristallines, résistera mieux qu'une autre aux attaques du dehors. Mais par quelle disposition interne la matière cristallisée parvient-elle à réaliser cet idéal ? Il y a des cas où la forme extérieure suffit à mettre sur la voie de la solution. Il en est ainsi pour certains gros cristaux d'améthyste ou de cristal de roche, qui, d'un côté, se présentent comme un unique individu, tandis que, à l'autre extrémité, on voit sortir une légion de cristaux étroitement juxtaposés, tous identiques et couronnés par des pointements semblables ; auquel cas le miroitement des facettes correspondantes révèle que tous ces individus cristallins, compris sous une enveloppe unique, ont exactement *la même orientation*.

N'est-ce pas ainsi d'ailleurs que nous procédons quand nous voulons ranger avec ordre une collection d'objets semblables ? Ne commence-t-on pas toujours par les tourner de la même façon, en même temps qu'on les dispose en files, à égale distance les uns des autres, comme on fait pour une plantation d'arbres en quinconce ? Or c'est précisément de cette manière que les particules cristallines sont arrangées. Et cela devient parfaitement clair, quand au lieu de se borner à la considération des formes extérieures, on s'adresse aux propriétés physiques internes des cristaux, telles que leur conductibilité pour la lumière ou pour la chaleur.

Qu'on étende uniformément une couche de cire sur une face cristalline et qu'ensuite on en approche une pointe métallique chaude. La cire fondra tout autour et, à chaque instant, la partie non fondue sera limitée par un léger bourrelet. Or l'expérience montre que ce bourrelet est toujours une ellipse très régulière, et la forme de cette ellipse, c'est-à-dire le rapport de ses axes, invariable pour une face donnée, varie selon la face soumise à l'expérience ; mais, le long d'une même direction, quel qu'en soit le point de départ, la fusion se propage toujours avec la même rapidité.

Plus frappantes encore seraient les figures aux brillantes couleurs, que fait naître, dans l'instrument appelé microscope polarisant, l'interposition de lames cristallines incolores, taillées d'une certaine façon. Ces anneaux, où resplendissent les couleurs de l'arc-en-ciel, si bien disposées en couronnes successives, et traversées par une croix régulière, noire ou blanche selon la disposition de l'appareil, disent assez qu'il y a ici une ordonnance remarquablement simple. On peut résumer ces notions en une phrase, si l'on dit que, dans tout corps cristallisé, les propriétés physiques sont *ordonnées suivant les directions ;* de telle sorte que, toujours identiques pour les directions parallèles, elles diffèrent d'une direction à l'autre.

Cela posé, il est inadmissible que, pour un corps donné, le long d'une direction déterminée, les propriétés physiques internes dépendent d'autre chose que du mode de distribution des particules. La constatation qui vient d'être faite suffit donc pour qu'on puisse affirmer que, dans les cristaux, la répartition des particules suit la même loi que celle des propriétés. On doit par conséquent se représenter ces particules comme se succédant régulièrement le long de files rectilignes où toutes sont équidistantes, la distance variant d'une file à l'autre, tandis qu'elle est la même pour toutes les files parallèles. C'est la disposition en *quinconce*, mais étendue aux trois dimensions de l'espace, au lieu de se borner au plan comme dans le cas d'un parterre d'arbres. Les particules sont ainsi réparties en *réseaux*, ou plutôt forment un enchevêtrement de réseaux, dont les mailles rappellent celles d'un filet de pêche bien tissé.

Cette notion s'impose avec une telle force, qu'elle est admise même par ceux qui ne veulent pas entendre parler de molécules. Ils sont contraints d'avouer que, dans la structure cristalline, il y a quelque chose de *périodique*, obéissant à la loi énoncée. Seulement, ce quelque chose, ils s'obstinent à ne pas le connaître et refusent de le définir. Moins discrets, nous admettrons, à la suite de Bravais, de Mallard, et d'autres savants éminents, que cette disposition s'applique à de véritables *individus*, dont chacun est vraisemblablement un assemblage plus ou moins complexe de molécules chimiques. Et parce que ces particules ont été laissées libres de n'obéir qu'à leurs actions mutuelles, en même temps qu'elles se disposaient en quinconces, elles ont toutes adopté la même orientation, ce qui est, sans doute possible, la plus sûre manière de garantir leur équilibre dans l'intérieur du cristal.

Nulle part l'affirmation de l'ordre, fondée sur l'équilibre, ne saurait être plus éclatante. Ici les conceptions fondamentales de la géométrie, celles de ligne droite et de plan, cessent d'être des abstractions ; ou du moins il y a si peu de chemin à faire pour passer de la réalité visible à l'abstraction pure, que pour nos regards toutes deux se confondent. Aussi nous sentons-nous presque autorisés à dire que, par les cristaux, c'est-à-dire par la matière minérale ordonnée, et amenée à une perfection voisine de l'idéal, la nature se plaît à proclamer l'excellence de la géométrie euclidienne.

Ne croyons pas d'ailleurs qu'il s'agisse ici de circonstances exceptionnelles. Si les cristaux extérieurement bien définis paraissent être des raretés, en revanche l'état cristallin de la matière minérale est la règle presque universelle. On peut dire qu'il y a, dans le monde inorganique, répugnance absolue envers l'état amorphe. Très peu de corps sont rebelles à la cristallisation, et beaucoup de ceux qu'on croirait amorphes se révèlent, à un grossissement suffisant, comme formés d'une association confuse de parties très petites, mais individuellement cristallisées. Parfois même l'application de la chaleur leur permet de s'orienter plus parfaitement, sans doute parce qu'elle leur restitue la liberté dont une solidification trop brusque avait dû les priver.

La loi d'ordre et de simplicité ne ressort pas avec moins d'évidence de l'étude des faces qui accidentent un cristal. On sait depuis Hauy que toute espèce minéralogique, absolument fidèle à un type géométrique déterminé, peut être caractérisée par ce qu'on appelle sa *forme primitive*, celle qui est au fond de toutes les autres, et que cette forme fondamentale est toujours un *parallélépipède*, variant depuis le cube parfait jusqu'au cube déformé, dont toutes les arêtes seraient obliques les unes sur les autres.

Une face cristalline quelconque, dont la direction seule importe, occupe, relativement à la forme primitive, une situation bien déterminée. On peut la considérer comme une *troncature*, venant modifier un angle ou une arête du parallélépipède fondamental. Evidemment une telle troncature sera définie en direction, si on connaît les rapports des trois longueurs qu'elle intercepte sur les arêtes de l'angle qu'elle modifie. Hauy s'est illustré en découvrant que ces rapports s'exprimaient toujours par des nombres entiers très simples.

En particulier, dans le système du cube, le plus

riche de tous en facettes, ou bien les trois nombres sont égaux à l'unité, ou l'un deux reste égal à 1, les deux autres s'annulant, ou encore un seul est nul et deux sont égaux à l'unité. Enfin, de toutes les combinaisons plus compliquées, la seule, ou à peu près, qui soit réalisée dans la nature, est celle qui associe les trois premiers nombres, 1, 2, 3.

La théorie de Bravais fournit d'ailleurs la raison de cette simplicité, en montrant que, par suite de la disposition en quinconce des particules cristallines, les faces qui ont les indices les plus simples sont précisément celles sur lesquelles les particules sont le plus serrées, et ont par conséquent le plus de chances de rester unies, quand il faut que le cristal cesse de s'accroître.

On dira, si l'on veut, que la loi d'Hauy repose sur des mesures d'angles qui ne comportent qu'une certaine approximation, et que l'interprétation des chiffres fournis par les calculs trigonométriques laisse toujours quelque place à la complaisance. Il n'en est pas moins vrai que si, par ces mesures forcément imparfaites, on est toujours conduit dans le voisinage immédiat d'une notation très simple, il faut bien voir là une vérité d'expérience et non une fantaisie de théoriciens.

Il est donc permis d'en conclure que partout

où les espèces qui composent le monde minéral ont pu n'être pas gênées et prendre l'état solide en toute tranquillité, leur arrangement fournit une éclatante démonstration de l'ordre dans l'étendue. C'est bien là que se trouve affirmée la célèbre sentence : *Omnia in numero, pondere et mensura fecit Deus.*

**

Une autre démonstration de cet ordre universel nous est donnée par la célèbre loi de Mariotte, d'après laquelle le volume d'un gaz est en raison inverse de la pression qu'il supporte, et cela quelle que soit sa nature.

Il est bien vrai que cette loi si simple ne vise que les gaz *parfaits*, c'est-à-dire suffisamment éloignés des conditions qui les feraient passer à l'état liquide ; aussi ceux qui prennent plaisir à discréditer les lois naturelles croient-ils avoir beau jeu à faire ressortir les écarts que subit dans la pratique l'application de la règle de Mariotte. Mais quelle est donc celle des lois physiques qui ne réclame pas, pour être vraie dans toute sa rigueur, un ensemble de circonstances constituant précisément cet état *idéal* auquel seul peuvent convenir les considérations scientifiques ? Il faut bien que toute loi s'applique à un objet défini. Or, dans le cas qui nous occupe, la définition ne serait pas suffisante, si on se contentait de prononcer le mot de gaz ; car un tel corps n'est plus lui-même quand il approche des conditions capables de provoquer son changement d'état.

Donc, gaz parfaits, liquides parfaits, cristaux parfaits, voilà les entités que doivent viser les lois physiques. Chacune de ces lois est un centre, autour duquel gravitent, s'en approchant plus ou moins, les réalités observables. N'est-il pas intéressant de retrouver ici cette notion d'idéal, à laquelle nous avaient accoutumés déjà les mathématiques ?

Quelle harmonie resplendit encore dans cet ensemble de propriétés physiques, devenu de nos jours si considérable, chaleurs spécifiques, pressions osmotiques, capacités de dissolution, où l'on voit les molécules, quelle qu'en soit la nature, abdiquer pour ainsi dire leur personnalité et se comporter comme des unités absolument équivalentes ! Harmonie qui trouverait son couronnement définitif, si l'on devait un jour, comme il n'est pas défendu de l'espérer, attribuer la qualité de derniers éléments des corps à ces fractions d'atomes qu'on appelle des *corpuscules* électrisés, toujours identiques entre eux, quel que soit l'atome qui leur a donné naissance.

.˙.

Après avoir admiré l'ordre dans l'arrangement des parties d'une matière homogène, nous retrouverons la même notion en étudiant les combinaisons des corps.

Toute la chimie est gouvernée par les deux lois fondamentales des *proportions définies* et des *proportions multiples*. Deux corps qui ne forment ensemble qu'une seule combinaison s'associent de telle sorte que le rapport des poids combinés demeure constant, exprimant le rapport qui doit exister entre les poids des deux unités moléculaires ; et si plusieurs combinaisons sont possibles entre les deux corps, elles ont lieu, au moins en chimie minérale, de telle sorte qu'à une molécule du premier s'unissent deux, trois ou quatre molécules du second, rarement plus.

Il est vrai que cette conception si simple et si lumineuse des molécules invariables a été, dans ces derniers temps, attaquée de divers côtés. Peut-être en avait-on abusé, en cherchant à donner prématurément une représentation trop précise du groupement des atomes dans les composés. A côté des esprits qui ont avant tout besoin d'images claires et parlantes, il y a toujours, et cela, il faut le reconnaître, pour le bien de la science, des esprits de tournure contraire, à qui toute hypothèse inspire de la défiance. Pour ceux-ci une image trop nette devient *ipso facto* un objet de suspicion. Ces tendances ont donc suscité contre les théories moléculaires une réaction qui a cherché ses principaux arguments dans certaines circonstances, encore mal expliquées, de la dissociation des corps sous l'influence de la chaleur; et à la notion des molécules, on s'est efforcé de substituer exclusivement celle des *équilibres chimiques*.

Sans avoir l'intention de trancher ce débat, nous ferons observer que, si l'on veut nettement établir les lois de la combinaison, ce n'est pas précisément aux phénomènes de dissociation qu'il convient de s'adresser. N'est-ce pas un peu comme si l'on voulait établir la psychologie du mariage à la seule lumière des cas de divorce? Qu'il puisse être opportun de réfréner certains emportements de l'école atomiste, nous l'admettons. Mais n'y aurait-il pas grand dommage à délaisser la conception des molécules, isolées et indivisibles, sous peine d'être conduit à doter la matière d'une continuité, contre laquelle on peut dire que l'expérience proteste? Cela peut être indifférent aux mathématiciens, habitués à traiter les corps comme continus, parce que de cette manière l'application de leurs méthodes devient beaucoup plus facile. Mais si cette convention n'a pas d'inconvénients dans la pratique, à cause de la petitesse des intervalles particulaires, il serait dangereux, croyons-nous, de l'ériger en principe, et de sacrifier la notion des molécules, considérées comme des agrégats d'atomes; ces derniers d'ailleurs n'étant pas les mobiles inertes de l'ancienne mécanique; mais bien des centres d'énergie, spécialisée en quantité comme en qualité.

Faire bon marché de cette doctrine, ne serait-ce pas frayer le chemin à des généralisations abusives, qui s'empresseraient d'envahir d'autres domaines; témoins les efforts déjà commencés pour démontrer que le sentiment de notre personnalité est une pure illusion, produite par une apparente localisation d'une part de l'énergie universelle, sur laquelle nous nous attribuerions faussement un droit de propriété ? Résolument hostile à cette tendance, il nous plaît de rester fidèle à la doctrine moléculaire, et de voir, dans les lois simples d'où elle a été déduite, une des preuves les plus saisissantes de l'ordre qui règne dans le monde matériel.

La valeur de cette preuve nous semble grandir encore, si l'on fait entrer en ligne de compte les rapports numériques, remarquables par leur simplicité, qui existent entre les éléments d'une même famille chimique, ainsi que la loi expérimentale de Dulong et Petit, d'après laquelle tous les atomes simples, quelle que fût leur nature, posséderaient la même capacité pour la chaleur.

Mais, avant d'aller plus loin, il nous faut examiner une objection qui tendrait à rabaisser singulièrement la valeur des lois chimiques, et même de toutes les lois naturelles, en leur attribuant le caractère de postulats, voire de définitions, qu'on prétend invérifiables par toute expérience directe. Laissons parler l'un des plus éminents défenseurs de cette manière de voir (1) :

« Voici l'énoncé précis de cette loi (des proportions multiples) :

« Des corps simples A, B, C peuvent, en s'unissant en diverses proportions, former divers composés M, M'... Les masses des corps A, B, C qui se combinent pour former le composé M sont entre elles comme les trois nombres a, b, c. Alors les masses des éléments qui se combinent pour former le composé M' seront entre elles comme les nombres αa, βb, γc, α, β, γ, *étant trois nombres entiers.*

« Cette loi peut-elle être soumise au contrôle de l'expérience ? L'analyse chimique nous fera connaître la composition du corps M' non pas exactement, mais avec une certaine appro-

---

(1) Duhem, *Revue de Philosophie*, 1905, p. 394.

ximation; l'incertitude des résultats obtenus pourra être extrêmement petite ; elle ne sera jamais rigoureusement nulle. Or en quelques rapports que les éléments A, B, C, se trouvent combinés au sein du composé M', on pourra toujours représenter ces rapports avec une approximation aussi grande qu'on voudra, par les rapports mutuels de trois produits αa, βb, γc, où α, β, γ, seront des nombres entiers. En d'autres termes, quels que soient les résultats donnés par l'analyse chimique du composé M', on est toujours assuré de trouver trois nombres entiers α, β, γ, grâce auxquels la loi des proportions multiples se trouvera vérifiée avec une précision supérieure à celle des expériences. Donc, aucune analyse chimique, si fine soit-elle, ne pourra jamais mettre en défaut la loi des proportions multiples. »

Admirons ici la rare vertu du langage algébrique! Grâce à ces symboles, a, b, c, α, β, γ, employés à la place de chiffres, qui pourrait ne pas s'incliner devant la rigueur d'une telle démonstration? Elle est péremptoire, en effet,..... à la condition d'ignorer systématiquement, d'abord que a, b, c, sont des *poids moléculaires, déterminés une fois pour toutes*, et intangibles par l'analyse du composé ; ensuite que α, β, γ, ne sont pas des nombres entiers *quelconques*, mais bien, pour tous les corps minéraux presque sans exception, des nombres d'une extrême simplicité, tels que 1, 2, 3.

Oui ou non ? L'analyse répond-elle à ces rapports simples, d'une façon suffisante et assez constamment pour qu'on puisse légitimement attribuer aux imperfections des appareils ou à quelque impureté des corps les légers écarts constatés ? Ou bien veut-on dire qu'*il n'y a pas de lois du tout*, et que c'est notre esprit qui les invente ? Mais alors il faut l'avouer franchement, sans nous soumettre à ce supplice d'entendre qualifier d'*invérifiable* un principe qui n'est à coup sûr pas un jugement synthétique *à priori*, et dont nous devons la connaissance à la seule observation.

Après avoir soumis à une critique semblable la loi des troncatures simples des cristaux, celle que nous rappellions il y a un instant, le même savant ajoute :

« La loi des proportions multiples, la loi des indices rationnels, sont des énoncés mathématiques dépourvus de tout sens physique. Un énoncé mathématique n'a de sens physique que s'il garde une signification lorsqu'on y introduit le mot *à peu près*. Ce n'est pas le cas des énoncés que nous venons de rappeler. Ils ont en effet pour objet d'affirmer que certains rapports sont des nombres *commensurables*. Ils dégénéreraient en simples truismes si on leur faisait déclarer que ces rapports sont *à peu près commensurables ;* car un rapport incommensurable quelconque est toujours à peu près commensurable ; il est même aussi près que l'on veut d'être commensurable. »

Est-ce faute d'une éducation philosophique suffisante ? Mais vraiment ce langage nous fait l'effet d'un brillant exercice sur la corde raide, et nous estimons qu'à vouloir s'y livrer sans une préparation spéciale, on risquerait fort de se casser le cou. Encore n'aurions-nous rien à objecter si on se contentait de nous dire : « L'absolu n'est pas de ce monde ; quoi que nous fassions, nous ne l'atteindrons jamais. Toute loi scientifique répond à un certain degré d'idéalisation de la matière correspondante. Elle est le pôle commun autour duquel gravitent nos imparfaites vérifications, dont elle représente la moyenne, en lui assignant une valeur qu'on peut dire plus exacte que celle de l'expérience un peu grossière qui a servi à l'établir. » Contre une telle déclaration, nous n'aurions garde de protester. Mais qualifier de postulat l'énoncé de cette moyenne, c'est rabaisser singulièrement, si ce n'est pas obscurcir tout à fait, la manifestation de l'ordre et de l'harmonie qui règnent dans la Création ; on risque ainsi de conduire les gens au scepticisme universel, sous prétexte d'observer une certaine correction philosophique, qui n'aurait de sens que si nous pouvions avoir la prétention d'atteindre l'absolu.

Avec la même justice, on pourrait nous interdire d'énoncer un fait expérimental quelconque ; car ce simple énoncé contient une affirmation : celle de l'existence des objets visés. D'une part on peut suspecter la réalité de cette existence ; de l'autre on a le droit, quand on ne se contente pas du relatif, de mettre systématiquement en doute le témoignage de nos sens, toujours sujets à l'erreur. Et alors, n'est-ce pas la réédition de la scène classique de Molière, où le philosophe interdit gravement toute affirmation formelle..., jusqu'au moment où son interlocuteur lui démontre, à coups de bâton, comment ses principes mêmes l'obligent à ne dénoncer que comme un postulat le mauvais traitement dont il se sent victime ?

Sans doute il est bon de ne pas se laisser hypnotiser par les théories et les formules ; mais c'est dépasser le but que de les discréditer à ce point ; c'est le dépasser aussi, à notre sens, que de faire bon marché de la simplicité des lois naturelles, en la représentant comme une illusion, née de la tendance de notre esprit à préférer ce qui est le plus commode, au risque d'apporter dans l'expression des choses plus de clarté qu'elles n'en comportent dans le fond.

Et pourtant il faut le reconnaître ; il y a des penseurs, et non des moins distingués, qui ne craignent pas de dénoncer cette recherche de la simplicité comme accusant « la faiblesse de notre esprit ». A les en croire, nous ne serions plus au « temps où les physiciens supposaient l'intelligence du Créateur atteinte de la même débilité; où la simplicité des lois de la nature s'imposait comme un dogme incontestable », où elle semblait conférer à ces lois « une certitude et une portée transcendantes à la méthode expérimentale » qui les avait fournies. Et on les entend déclarer : « Nous ne sommes plus dupes de l'attrait que gardent les formules simples ; nous ne prenons plus cet attrait pour la manifestation d'une certitude plus grande (1). »

Cette condamnation s'aggrave d'une autre, affirmant que toute loi physique est provisoire et relative, en même temps qu'approchée ; que, dès lors, pour le strict logicien, elle ne peut être ni vraie ni fausse. Par là nous pourrions nous trouver dans un grand embarras, si le même auteur n'avait soin de garder sa sévérité pour les lois « que la physique énonce sous

---

(1) DUHEM. *Revue de philosophie*, 1905, p. 33.

la forme mathématique », tandis qu'il admettrait volontiers la qualification de *vraies* pour les lois « que nous révèle le sens commun »; distinction qui n'est peut-être pas pour flatter beaucoup les mathématiciens.

Ce n'est cependant pas pour piquer l'amour-propre de ceux-ci que nous avons tenu à reproduire ces déclarations. Notre dessein a été de faire ressortir le danger de ces incursions sur la frontière de l'absolu. Pour nous, cela ne peut que nous fortifier dans la résolution de ne pas déserter le terrain du « sens commun », le seul où notre démarche puisse garder quelque sûreté.

Évidemment, quand l'observation nous conduit à formuler une loi d'apparence très simple, on garde le droit de dire qu'il serait loisible d'ajouter à la formule des termes supplémentaires, lesquels, dans les conditions habituelles de l'expérience, resteraient assez petits pour pouvoir être négligés. Mais alors c'est une hypothèse présentement invérifiable, et il nous semble que le principe de la moindre action pourrait être invoqué pour repousser *à priori* toute complication inutile.

Par exemple, l'usage de l'instrument d'acoustique appelé sirène nous enseigne que si, partant d'un son déterminé, on monte jusqu'à l'octave supérieure, le nombre des vibrations de l'air se trouve exactement doublé. De la même façon, une corde bien homogène étant donnée, qui sous l'action de l'archet rend un certain son, si l'on fixe le milieu de cette corde, de façon à réduire de moitié la longueur vibrante, le son obtenu est celui de l'octave au-dessus ; d'où les gens de simple bon sens croient pouvoir déduire que, toutes choses égales d'ailleurs, le nombre des vibrations d'une corde est exactement en raison inverse de sa longueur.

Si quelque docteur ès quintessence tentait d'ergoter sur cette formule, de prétendre qu'on ne peut jamais procéder à une vérification rigoureuse, que la longueur de la corde qui donne l'octave peut être, tantôt les, $\frac{499}{1000}$ tantôt les $\frac{501}{1000}$ de celle qui rend le son primitif ; et que c'est nous qui simplifions arbitrairement la chose en prenant une sorte de moyenne, n'aurait-on pas le droit de penser qu'on a affaire à un esprit bien alambiqué, en tout cas peu propre à diriger les intelligences dans la voix de cette discipline saine qui est leur meilleure sauvegarde ?

On se souvient des débats qui se sont récemment élevés à propos du mouvement de rotation de la terre. Un savant éminent, voulant rappeler qu'ici-bas nous ne pouvons connaître que des mouvements relatifs, avait, en guise de leçon à l'adresse de ceux qui dissertaient là-dessus à tort et à travers, lancé cette affirmation, que la question de savoir si la terre tourne ou ne tourne pas *n'avait aucun sens*, attendu que nulle expérience ne pourrait la résoudre. Et il ajoutait « ces deux propositions : *la terre tourne* et *il est plus commode de supposer que la terre tourne*, ont un seul et même sens ; il n'y a rien de plus dans l'une que dans l'autre (1) ».

Là-dessus, nombre de gens ont pris le change, et ont cru qu'on pouvait à cet égard admettre tout ce qu'on voulait, avec une égale légitimité. Il importe de remettre les choses au point.

Un voyageur en chemin de fer, qui voit défiler devant lui, dans une rapidité vertigineuse, les champs, les arbres et les maisons, n'ignore pas qu'il y a de cette apparence deux explications possibles : l'une, c'est que la locomotive l'emporte ; l'autre, c'est qu'il demeure immobile, et que toute la terre vole à sa rencontre. Sous le prétexte que la constatation du mouvement absolu est chose impossible, et que de plus tout homme est sujet à l'erreur, dira-t-il que le choix entre les deux hypothèses « n'a aucun sens » ? Ou bien condescendra-t-il à préférer la première, uniquement à cause de sa plus grande commodité ?

---

(1) POINCARÉ, *La science et l'hypothèse*, p. 141.

La compagnie qui le transporte, et qui sait ce qu'il lui en coûte, en consommation de charbon et en usure de matériel, protesterait à bon droit contre ce dilettantisme. Et si l'on nous disait que le sens intime n'intervient pas avec une aussi grande netteté en faveur de la rotation terrestre, nous répondrions que l'expérience du pendule de Foucault, ou celle du gyroscope du même inventeur, et mieux encore les épreuves, plus décisives parce qu'elles sont moins délicates et par conséquent réussissent toujours, du barogyroscope de Gilbert et de la toupie de Fleuriais, fournissent une confirmation précieuse, non du mouvement absolu, avec lequel l'homme n'a rien à voir, mais du mouvement relatif de la terre. Cette vérification vient après coup fournir un témoignage en faveur de la simplicité des déplacements des astres, et nous engage à préférer le système de Copernic aux sphères de verres ou aux épicycles des anciens astronomes, non seulement parce que ce système est « plus commode », mais parce que sa simplicité même est une garantie en sa faveur.

Les adversaires de la simplicité des lois de la nature emploient quelquefois, pour la combattre, des moyens quelque peu étranges. Ainsi, dans le dessein de la mettre en échec, l'un d'eux (1)

(1) Duhem, *loc. cit.*

croit pouvoir citer comme exemple le problème de la surface libre d'un liquide ; il cherche à montrer comment, la théorie ayant établi que cette surface doit être horizontale, la loi se trouvera en défaut, sur les bords du récipient, où intervient la capillarité, et que la modification à introduire en raison de ce nouveau facteur sera elle-même inefficace, si ce sont des aiguilles électrisées qu'on amène au contact du liquide. En vérité, pourquoi ne pas exiger que la formule prévoie le cas où un vent violent soulèverait la surface de l'eau, et même celui où un enfant viendrait l'agiter en y jetant des pierres ?

De telles difficultés ne prouvent qu'une chose, laquelle d'ailleurs n'avait aucun besoin d'être prouvée : c'est qu'il n'existe pas de formule unique, capable d'embrasser tous les phénomènes de la nature à la fois. Notre esprit, guidé par nos sens, divise un phénomène en catégories, et recherche, pour chacune d'elles, les *lois élémentaires* qui la gouvernent. Chacune de ces lois correspond à un certain état idéal, dont se rapprocheront plus ou moins les circonstances réelles ; et, dans chaque cas particulier, plusieurs de ces lois élémentaires devront être invoquées ensemble, dans la mesure qu'il conviendra. Lequel vaut mieux, de discréditer ces lois, parce que chacune d'elles a un domaine strictement limité, ou de les appliquer avec discernement, tout en continuant à admirer leur simplicité propre? C'est peut-être affaire de tempérament : mais, dussions-nous encourir le reproche de « débilité » d'esprit, nous préférons de beaucoup la seconde solution.

§ 2. — *Le principe de la moindre action.*

Continuant à nous inspirer du même esprit, nous nous proposons maintenant de montrer comment, à travers les phénomènes de la nature, éclate d'une manière constante l'application du *principe de la moindre action*, si conforme à l'idée que nous pouvons nous faire d'une Suprême Sagesse ordonnatrice.

Ce principe prévaut sans conteste en Mécanique, où on le formule de la manière suivante : une particule matérielle en mouvement, soustraite à l'influence de toute force, mais assujettie à demeurer sur une surface déterminée, prendra toujours, pour se rendre d'un point à un autre, une *ligne géodésique* de la surface, c'est-à-dire le chemin le plus court entre les deux points.

Certains esprits ne dissimulent pas que cet énoncé les choque, parce qu'il paraît donner à penser que la particule « semble connaître le point où on veut la mener, prévoir le temps qu'elle mettra à l'atteindre en suivant tel ou tel chemin, et choisir ensuite le plus convenable (1). » Pour nous, qui ne saurions être soupçonné d'attribuer à la particule un tel discernement, il nous plaît, au contraire, de mieux apercevoir à travers cet énoncé la marque de l'infaillible sagesse avec laquelle toutes choses ont été combinées.

Dans le domaine de la physique, il n'est pas de chapitre où la règle de la moindre action se manifeste avec plus d'éclat que celui de la réflexion et de la réfraction de la lumière. On sait que, quand un rayon lumineux tombe obliquement sur une surface réfléchissante, il est renvoyé de telle sorte que le rayon incident et le rayon réfléchi, tous deux contenus dans un plan perpendiculaire à la surface, soient inclinés du même angle sur le miroir.

Or si l'on pose ce problème : étant donnés deux points quelconques hors d'un plan, quelle est la condition pour que la lumière, partie de l'un, arrive à l'autre par le chemin le plus court, après avoir, au préalable, touché le plan ? On trouvera immédiatement que ce chemin doit être une ligne brisée, suivant exactement le parcours indiqué par la loi expérimentale, dite loi de Descartes. Que la lumière soit un projectile, comme le croyait New-

(1) Poincaré, *op. cit.*, p. 154.

ton, ou un ébranlement se propageant dans l'éther, suivant la théorie des vibrations, ou encore un phénomène électro-magnétique, peu importe ; c'est toujours une question de minimum : minimum de chemin parcouru ou minimum d'énergie dépensée ; en un mot, application de la règle de moindre action.

Il en est de même lorsque la lumière, après avoir cheminé dans le vide ou dans l'air, rencontre un corps transparent, tel qu'une lame de verre ou de cristal. Pour aller d'un point, situé dans le premier milieu, à un autre, pris dans le second, la lumière pourrait suivre la ligne droite qui les joint. Mais, comme elle se propage beaucoup moins vite dans le second milieu, il y a intérêt à ce que son parcours y soit réduit. Le calcul indique que, pour réaliser le maximum de vitesse, il faut qu'il y ait, entre ce qu'on appelle les *sinus* des angles d'incidence et de réfraction, un rapport constant, précisément égal au rapport des vitesses dans les deux milieux ; c'est exactement ce que vérifie l'expérience.

Ainsi les deux lois fondamentales de la propagation de la lumière auraient pu être déterminées d'avance, sans aucun recours à l'observation, par cette seule condition qu'il y eût, dans toute hypothèse, le minimum de travail dépensé.

Au principe de la moindre action se rattache,

si étroitement qu'il ne saurait en être séparé, celui de la *conservation de l'énergie*, sur lequel repose tout l'édifice de la Thermodynamique et de l'Énergétique. Pour le bien comprendre, il convient d'expliquer en quelques mots une conception qui domine aujourd'hui toute la mécanique, celle du *potentiel*. Analytiquement, le potentiel est une fonction, liée à la position des points d'un système, et dont la variation sert de mesure exacte au travail accompli dans un déplacement de l'ensemble.

On peut, sans recourir à l'analyse, se faire une idée très nette de ce qu'est le potentiel, en considérant un réservoir plein d'eau. Si, par un robinet inférieur, on ouvrait une issue à cette eau, elle sortirait avec une vitesse proportionnée à la différence des niveaux et deviendrait ainsi capable d'un travail mécanique, par lequel elle restituerait, sauf les pertes dues au frottement, toute l'énergie qu'on avait préalablement dépensée pour l'élever dans le réservoir. Cette eau accumulée représente donc, avant sa sortie, une puissance de travail, c'est-à-dire un *potentiel*, que l'ouverture du robinet suffit à transformer en énergie visible ou *actuelle*.

Il est bien évident que, quand le réservoir s'est vidé, et que l'équilibre s'est établi entre les niveaux de l'eau dans le réservoir et dans le canal d'échappement, toute l'énergie accumulée se trouve dépensée. C'est ce qu'exprime analytiquement la mécanique rationnelle, quand elle nous enseigne, par le jeu de ses formules, que *tout état correspondant à un minimum de potentiel est un état stable.*

Cela posé, un corps pesant, placé à une certaine hauteur au-dessus du sol « contient en puissance la quantité d'énergie qu'il développera en tombant sous l'impulsion de la gravité. Son poids multiplié par la hauteur exprime le travail latent ou potentiel qui réside en lui avant que la chute commence. Au bas de la chute, ce même produit représente, non plus un travail en puissance, mais un travail effectué et, par conséquent, la force vive dynamique emmagasinée par ce travail dans le corps. A un point intermédiaire quelconque, l'énergie latente ou potentielle qui existait au départ, se divise maintenant en deux portions : l'une, la force vive développée par ce commencement de chute et qui se nomme l'énergie *actuelle* ou force vive proprement dite (également qualifiée d'énergie *cinétique* ou de mouvement) ; l'autre, qui continue à mériter le nom d'énergie *potentielle* et qui correspond au supplément de force vive dont la suite de la chute sera la source. En résumé, *l'énergie totale dévolue à un corps est égale à la somme de ses énergies actuelle et potentielle.* Chacune de celles-ci augmente ou diminue quand l'autre diminue ou augmente, mais leur état demeure invariable dans tout système isolé (1). »

C'est en cela que consiste le principe de la *conservation de l'énergie*, principe d'autant plus fécond que, par l'équivalence démontrée du travail et de la chaleur, l'énergie thermique rentre, comme on sait, dans cette provision dont le total demeure invariable.

En second lieu, l'observation démontre que, quand un système de corps passe d'un état à un autre, il le fait par un chemin tel, que la différence moyenne entre les deux sortes d'énergie, dans l'intervalle de temps qui sépare l'époque initiale de l'époque finale, soit aussi petite que possible. C'est en somme une nouvelle forme du principe de la moindre action.

La conservation de l'énergie est l'expression d'un fait expérimental. C'est, comme l'a dit M. Poincaré (2), la généralisation, sous forme simple et précise, d'expériences, à la vérité insuffisantes en nombre et susceptibles d'offrir parfois certaines divergences, mais où une tendance invincible de notre esprit, le besoin d'ordre et d'harmonie, tendance sans cesse encouragée par

---
(1) De Freycinet, *Les Principes de la mécanique.*
(2) *Op. cit.*, p. 157.

le spectacle des phénomènes, a fait apercevoir le moyen de grouper les résultats autour d'une formule saisissante par sa simplicité. D'ailleurs cette formule ne s'est pas laissé découvrir du premier coup. Elle a jailli comme un éclair au milieu du chaos, en illuminant une série d'éléments qu'un premier coup d'œil avait jugés disparates, et qui, grâce à elle, se sont tout à coup rangés dans un ordre harmonieux, d'autant plus frappant qu'il était moins attendu.

Ce n'est pas que ce principe fécond ne puisse rencontrer bien des difficultés d'application, quand on songe qu'à côté de l'énergie potentielle de position, il faut aussi considérer l'énergie moléculaire, sous la forme thermique, chimique, électrique, ce qui fait que la pleine vérification peut devenir impossible.

On a même essayé tout récemment de ruiner le crédit de ce principe, en arguant de l'exemple des corps *radio-actifs*, qui semblent dépenser sans cesse de l'énergie qu'aucune source extérieure ne renouvelle ; mais outre que, de ces fameux corps, la provision existante paraît jusqu'ici se réduire à quelques grammes, l'interprétation de leur activité peut parfaitement ne pas contredire la loi fondamentale de la conservation. Aussi cette règle doit-elle être envisagée comme un guide sûr et en nous appuyant sur elle, « nous pouvons travailler avec confiance, certains d'avance que notre travail ne sera pas perdu (1). »

.˙.

Après avoir considéré dans ce qui précède des phénomènes de l'ordre purement mécanique ou physique, nous allons trouver une nouvelle application du principe de la moindre action dans la règle qui préside à la plupart des combinaisons chimiques : à savoir que, parmi les réactions susceptibles de se produire, celle-là se réalisera le plus habituellement, qui donnera lieu au plus fort dégagement de chaleur.

Bien que cette règle ne soit pas universellement applicable, il est des cas très nombreux où aucune restriction n'y doit être apportée, par exemple quand il s'agit de réactions violentes, capables de s'accomplir spontanément par la mise en présence des corps, sans aucune excitation extérieure, en un mot lors des manifestations bien franches de ce qu'on nomme l'affinité. Dans ces circonstances, le développement de chaleur accuse une libération d'énergie interne, susceptible d'être recueillie et transformée en travail. Or, rendre disponible la plus grande somme possible d'énergie, n'est-

---

(1) **Poincaré**, *op. cit.*, p. 161.

ce pas faire la même chose que d'en consommer le moins possible, c'est-à-dire obéir, sous une autre forme, au principe de la moindre action?

Quoi d'étonnant d'ailleurs à ce que la combinaison des corps soit gouvernée par le même principe que la mécanique, depuis que toute barrière a dû tomber entre la physique et la chimie? La *mécanique chimique* (1), appuyée sur l'équivalence du travail et de la chaleur (ou pour mieux dire des énergies thermique, chimique, électrique, etc.) a remplacé l'ancienne doctrine des affinités. Tout y est régi par les exigences de l'*équilibre*, et il n'est pas jusqu'à la conception du frottement qui ne doive intervenir pour interpréter certaines délicatesses de l'expérience, faisant soupçonner des actions cachées. Ce n'est pas assurément le mécanisme brutal d'autrefois, qui mettait en présence des atomes inertes, poussés les uns vers les autres par des forces de convention; mais du moins c'est un mécanisme naturel, et qui comme tel doit manifester les mêmes harmonies que les mouvements visibles.

Or, d'après ce qu'enseigne la thermodynamique, lorsqu'un changement d'état s'accomplit sans l'intervention d'aucune force extérieure, la chaleur dégagée est égale à l'excès de l'énergie initiale

---

(1) Voir le bel exposé qu'en a fait M. Duhem.

du système sur son énergie finale. Si donc la chaleur dégagée est un maximum, c'est que l'énergie finale est un minimum. C'est justement à cet état que correspond une réaction qui a développé le maximum de chaleur. Le potentiel final est aussi bas que possible, comme dans le cas d'un réservoir qui s'est entièrement vidé. L'équilibre stable est donc atteint ; c'est-à-dire que le système, mieux soustrait à tout changement ultérieur, a pleinement satisfait au principe de la moindre action.

Il nous semble à propos de rappeler à cette occasion que les combinaisons chimiques produites avec dégagement de chaleur, et que, pour ce motif, on appelle *exothermiques*, étant, comme on vient de le dire, celles qui engendrent des composés stables, les corps formés avec absorption de chaleur ou *endothermiques* sont instables et souvent même explosifs. Ainsi les composés dont la formation pourrait sembler contradictoire avec le principe de la moindre action sont essentiellement *destructeurs*. Il est donc naturel que leur naissance soit entourée de circonstances diamétralement opposées à celles qui caractérisent l'acte *producteur* par excellence, c'est-à-dire la création d'un monde auquel il convenait d'assurer le maximum de stabilité.

D'autre part, si un corps doit être explosif,

auquel cas la violente expansion des gaz pourra devenir productive de travail, à condition de savoir l'utiliser, il faut bien que cette puissance ait été emmagasinée dans le corps au moment de sa formation; et c'est à la constitution de cette énergie latente que pourvoit justement la chaleur exceptionnellement absorbée par l'acte de la combinaison.

.˙.

De tous les exemples qu'on peut invoquer pour montrer la généralité du principe de la moindre action, il en est peu dont la signification soit plus claire que celle des arrangements si souvent réalisés par les cristaux. C'est d'abord la fréquence bien constatée des formes les plus simples, qui justement correspondent au maximum de cohésion, c'est-à-dire de stabilité, pour les faces ainsi produites. Ainsi, dans le système cubique, le cube, l'octaèdre, le dodécaèdre à faces losanges, l'emportent incomparablement sur les formes plus compliquées. De même, dans tous les systèmes, les combinaisons de clivages ou de propriétés optiques correspondent presque toujours aux solutions les plus simples, parmi celles que la symétrie autoriserait à prévoir.

Mais ce qui est surtout frappant, c'est ce qu'on

pourrait appeler l'ingéniosité déployée, par les assemblages de cristaux, pour réaliser une stabilité supérieure à celle que leur système semblait autoriser. Tel cristal, comme la staurotide ou croisette de Bretagne, qui devrait se présenter sous la forme d'un prisme allongé, à base de losange, a coutume d'associer deux de ces prismes à angle droit, de manière à former une croix presque parfaite, qui donne à l'ensemble une même résistance suivant deux directions rectangulaires. Tel autre, comme le gypse ou sulfate de chaux, qui n'a qu'un seul plan de symétrie, se *macle*, suivant l'expression usitée, de manière que l'ensemble arrive à en posséder trois.

Un exemple encore plus instructif est celui de la Christianite, qu'on rencontre dans les vacuoles de quelques laves. Cette espèce, qui ne possède qu'une symétrie peu élevée, commence par grouper plusieurs individus en une colonne prismatique ayant la section d'une croix grecque et terminée par un toit pyramidal. Cela fait, deux colonnes semblables s'associent à angle droit, comme dans la staurotide; après quoi une troisième identique vient s'implanter perpendiculairement aux deux précédentes, en les traversant de part en part. A ce moment, le cristal a réalisé cet idéal, qui consiste à offrir une égale résistance dans les trois directions de l'espace.

Une troupe, assaillie par une force capable de l'envelopper, se forme en carré, parce que de cette façon elle ne peut être attaquée à revers ; et cette disposition suffit, l'assaut ne pouvant venir d'en haut. Obligée de prévoir d'autres attaques, la christianite y pourvoit par sa disposition en double croix grecque, semblable à l'instrument que les couvreurs ont l'habitude de suspendre à une corde afin d'avertir qu'une toiture est en réparation.

Mais ce n'est pas assez. Dans un solide, tout angle rentrant est une cause de faiblesse, en multipliant les surfaces d'attaque. Or, de ces angles rentrants, la christianite renferme visiblement trop. Alors on la voit se ramasser en quelque sorte sur elle-même, en contractant ses trois colonnes vers leur rencontre commune. Enfin un moment vient où les six pyramides terminales, amenées au contact, se soudent exactement les unes aux autres, transformant l'assemblage en un solide régulier à douze faces, de tous les polyèdres cristallins celui qui présente, sans cesser d'avoir des faces planes, la forme la mieux rassemblée, la plus voisine d'une sphère.

Un art égal se trouve déployé dans l'assemblage de deux cristaux de diamant. Individuellement, par sa symétrie, le diamant n'a droit qu'à la forme de la pyramide à quatre faces, dite *tétraèdre régulier.* Mais cette pyramide a des arêtes bien saillantes et des angles bien pointus, danger sérieux pour une substance dont la merveilleuse dureté n'exclut pas une grande fragilité sous le choc. Aussi deux tétraèdres de diamant commencent-ils par s'associer, en se plaçant exactement à angle droit l'un par rapport à l'autre. Puis les huit pointes se trouvent simultanément abattues par des troncatures triangulaires équilatérales; après quoi le raccourcissement des tronçons restants rapproche les huit triangles, jusqu'au moment où ils se touchent, engendrant un octaèdre parfait; et c'est à peine si, à la loupe, on verra se dessiner le long des douze arêtes comme un sentiment de gouttière, où se révèle l'artifice employé.

Ce n'est pas tout; et il arrive souvent que les faces de la pyramide octaédrique se chargent d'une série de facettes en escalier, dont les contours se fondent les uns dans les autres. Ainsi le cristal devient courbe et ne présente plus aucun élément sur lequel puissent mordre les agents usuels de destruction.

Si des combinaisons aussi savantes, au lieu d'être réalisées dans le monde minéral, se rencontraient, comme les faits de mimétisme, parmi les individus du règne organique, il se trouverait sans doute quelque disciple de Darwin pour en trouver la raison dans la loi de survivance des êtres les mieux doués, transmettant par hérédité les qualités qui leur ont assuré la victoire. Mais ici, où il s'agit de cristaux, qui pourrait parler d'instinct, de survivance ou d'hérédité? Et alors, comment se refuser à y voir l'intervention de ce Législateur, qui assure à chaque espèce les conditions de meilleure résistance, en vertu du principe de moindre action, et même lui permet de conquérir, par d'habiles dispositions, beaucoup plus de stabilité que sa nature propre n'en semblait comporter !

C'est qu'en effet il ne s'agit pas ici de faits exceptionnels et isolés. Mallard a montré que tous les groupements de cristaux, qualifiés du nom de *macles*, rentraient dans la même règle. Tous s'accomplissent de telle sorte, que l'ensemble des individus groupés réalise une symétrie plus élevée que chacun des composants; et naturellement cette conquête marche de pair avec une plus grande résistance vis-à-vis de l'extérieur.

A ces manifestations si frappantes de l'ordre et de l'harmonie s'ajoute un autre enseignement, qu'il nous paraît bon de recueillir en passant.

Par une dérogation fréquente à la loi chimique des proportions définies, l'expérience nous apprend que deux corps différents peuvent, dans certains cas, cristalliser ensemble *en toutes proportions*. C'est la propriété que les chimistes désignent sous le nom d'*isomorphisme*, et qui se manifeste quand les corps ainsi susceptibles de s'associer ont des compositions chimiques semblables et des formes individuelles très voisines; tels sont les sulfates de fer, de magnésium et de zinc; tels aussi les carbonates de calcium, de magnésium, de manganèse et de fer, etc., etc. Ainsi se forment des cristaux très nets, mais de composition complexe. Il en est, comme les sulfates précités, qu'on peut produire à volonté dans les laboratoires, en vérifiant que, pour une quantité invariable d'acide sulfurique, il est loisible de faire intervenir les proportions respectives qu'on veut des oxydes de fer, de zinc et de magnésium, sans que cela trouble en rien la limpidité ni la netteté des cristaux, dont les angles seuls présentent une très légère variation, en rapport avec la nature du composant qui prédomine.

L'explication de l'isomorphisme paraît extrêmement simple : deux particules non identiques sont néanmoins admises dans le même édifice, parce qu'elles diffèrent assez peu pour que leur coexistence ne trouble pas la symétrie générale. Cet arrangement met donc en évidence ce que nous nous permettrons d'appeler la *tolérance* de la nature. Un architecte intransigeant, ayant résolu d'exécuter une construction avec des cubes de pierre, les refuserait impitoyablement sur le chantier si, à la vérification, il ne trouvait pas toutes les arêtes rigoureusement égales, ni tous les angles exactement droits. Au lieu de cela, un constructeur plus tolérant se contentera de demander que les différences ne dépassent pas une certaine limite ; et alors, par d'heureuses combinaisons de ces cubes un peu défectueux, en corrigeant les inégalités des uns par les défauts en sens contraire des autres, il saura donner à sa construction un aspect d'ensemble assez correct pour que nul n'y trouve à redire.

Ainsi, oserions-nous conclure, a procédé le Souverain Architecte. Par là, il nous a donné une leçon dont il y aurait profit à nous inspirer, même dans d'autres domaines que celui de l'architecture. Si ce n'est pas tout à fait employer le minimum d'efforts, ce serait du moins manifester le minimum d'exigences, et éviter entre les hommes le plus possible de frottements. D'ailleurs, puisque le frottement ne peut être vaincu que par un travail mécanique, en prenant soin de le diminuer, on se montrerait encore fidèle à la règle de la moindre action.

∴

Si nous avons emprunté les exemples qui précèdent aux domaines relativement simples de la mécanique, de la physique et de la chimie, il n'en faudrait pas conclure que l'étude des sciences naturelles fût hors d'état de nous offrir rien d'analogue. Au contraire, il serait facile d'y recueillir plus d'une démonstration non moins probante. Nous en trouverons une, entre autres, dans les règles qui président au modelé de la surface terrestre.

Il n'est personne qui n'ait dû être frappé de la pente insignifiante à laquelle se réduisent les vallées des fleuves, à mesure qu'on se rapproche de leur embouchure ; au contraire, la raideur, non seulement des versants, mais du lit lui-même, n'est pas moins saisissante dans le voisinage des sources. Or rien n'est plus facile à expliquer mécaniquement que ce constraste.

Toute goutte d'eau qui tombe en pluie sur les continents représente une provision d'*énergie potentielle*, exactement équivalente au travail que la chaleur du soleil a dû fournir, pour provoquer dans la mer l'évaporation correspondante et déterminer le transport de la vapeur jusqu'aux lieux élevés où la condensation s'est produite. Cette énergie, la goutte d'eau la restituera dans sa descente, opérée sous l'action de la pesanteur, laquelle, ne cessant de se faire sentir, amènera l'accélération progressive du mouvement. L'eau courante deviendra donc rapidement capable d'exercer une action mécanique sur le sol qu'elle arrose. Elle emploiera une partie de son énergie à creuser son lit et à en déplacer peu à peu les éléments; et ce travail sera de plus en plus efficace avec la descente, puisque, outre l'inévitable accélération survenue, la masse d'eau en mouvement s'augmentera de tout ce que les affluents apportent tour à tour à l'émissaire commun.

Si donc les continents, en tant que demeure de l'homme et des animaux, ne peuvent se passer des eaux courantes et de la pluie, la contre-partie de ce bienfait apparaît dans le tribut qu'ils sont forcés de payer aux dépens de leur substance, entraînée peu à peu dans le lit de l'océan.

Pour que ce tribut soit réduit au minimum, il importe d'abord que le ruissellement se concentre dans des rigoles déterminées, résultat bien vite acquis en dehors des hautes montagnes à pentes raides. Ensuite l'idéal serait atteint si, dans chaque rigole, la résistance offerte par le frottement n'était inférieure à la force vive de l'eau que de la quantité justement suffisante pour assurer le mouvement de celle-ci; auquel cas l'eau n'effectuerait plus de travail mécanique appréciable. Comme cette force vive ne cesse de croître de l'amont à l'aval, à cause de l'augmentation de la masse de l'eau, due aux affluents, et de l'accélération due à la pesanteur, la pente devrait être nulle à l'embouchure, pour croître peu à peu de l'aval à l'amont, mais avec une extrême lenteur ; car l'apport des affluents de quelque importance cesse en général longtemps avant qu'un fleuve atteigne l'océan.

Ainsi, à supposer que le terrain, où le cours d'eau doit excaver son lit, offrît partout la même résistance, au bout d'un temps suffisamment long, le lit présenterait un *profil d'équilibre*, comportant une pente à peu près nulle pendant un long parcours à partir de l'embouchure, et dessinant, si on le développait dans un seul plan vertical, une courbe parabolique très aplatie, concave vers le ciel. C'est seulement dans la région des sources que la pente du profil commencerait à s'accentuer sensiblement.

Si le terrain traversé n'est pas homogène, certaines parties résisteront plus longtemps que les autres et le lit du fleuve se partagera en tronçons distincts, tels que chacun d'eux, communiquant avec le suivant par une cascade ou un rapide, généralement précédés par un lac, atteigne pour son compte un profil d'équilibre provisoire. Mais, à la longue, les obstacles finiront par céder, et la courbe du lit total deviendra continue, le même travail se poursuivant d'ailleurs pour tous les affluents, à mesure que se régularise l'émissaire principal.

Quand enfin l'équilibre est établi, le cours d'eau, devenu stable, non seulement ne creuse plus son lit, mais ne cherche plus, par ses divagations à droite ou à gauche, à obtenir l'allongement de parcours nécessaire pour compenser l'excès de force vive que les eaux pourraient conserver dans les crues. A ce moment, tout est devenu conforme au principe de la moindre action. Partout les versants sont façonnés de telle sorte que la pluie ne tende plus à les dégrader, et que toute goutte d'eau tombant sur le sol, aisément conduite dans des rigoles invariables, arrive, par le parcours le plus rapide et le plus exempt d'accidents, vers l'émissaire qui doit l'amener à l'océan; terme qu'elle n'atteindra d'ailleurs qu'après avoir offert sa part d'action bienfaisante à tous les riverains du cours d'eau.

Et maintenant, qu'on aille examiner sur le terrain les circonstances d'un réseau hydrographique quelconque, dans un de ces pays où la géologie nous apprend que l'émersion du sol est de très ancienne date, en même temps que le niveau de la mer n'a pas subi de récentes variations, et qu'on dise si le tableau que nous venons de tracer n'est pas réalisé! Ainsi la terre ferme, par son modelé, proclame à sa manière l'excellence du principe de la moindre action.

.·.

A présent, pour achever cette démonstration, nous sera-t-il permis d'interroger le *plan géométrique*, qui se révèle dans notre construction propre comme dans celle du monde environnant ?

Nous avons déjà dit que la géométrie euclidienne suffisait pleinement à l'intelligence des formes sensibles, et que, si ses combinaisons n'étaient pas les seules logiquement admissibles, du moins elles étaient les seules à trouver ici-bas leur constante application. Pas un des objets créés ne nous aurait donné l'idée des géométries non-euclidiennes, et si loin que la portée des lunettes nous permette de sonder l'Univers visible, nulle part elles ne nous invitent à sortir de l'espace euclidien à trois dimensions, pour nous aventurer dans un hyperespace quelconque.

Il paraît donc légitime d'en conclure que le monde réel, autant qu'il puisse nous être connu, a été créé sur le type euclidien.

Or, ce type, nous l'avons vu, est la solution commune et unique d'où divergent, en sens opposés, toutes les variétés de la Métagéométrie. Sa situation, au milieu de la chaîne indéfinie des conceptions logiques où prévaut l'idée simple de distance, est donc absolument exceptionnelle.

Mais il n'a pas que cette qualité. Il est, par surcroît, le plus simple qu'on puisse imaginer. Qui douterait de la simplicité de la ligne droite, comparée à l'ellipse, qui finit par lui être identique, quand elle s'aplatit assez pour que ses deux moitiés se confondent sur le grand axe, ou comparée à l'hyperbole, dont les deux branches, à force de diminuer l'angle de leurs asymptotes, finiraient par se superposer en une même ligne droite ? Ou bien qui répugnerait à reconnaître la simplicité du triangle euclidien, avec ses côtés rectilignes, au regard du triangle convexe de Riemann, ou de la figure curviligne de Lobatcheffsky ?

Dès lors, dire que la géométrie euclidienne n'a jamais paru en faute ni insuffisante, dans ce qu'il nous a été donné de connaître de l'Univers, n'est-ce pas proclamer que la plus grande simplicité admissible a présidé à l'organisation du monde qui nous entoure ? Croire que ce résultat pourrait être l'effet d'une longue adaptation, et qu'après avoir été cahoté au hasard d'un hyperespace à un autre, le monde fatigué aurait cherché le repos dans la sérénité de l'espace plan, tout comme, à une époque célèbre, sous la direction d'un préfet de police légendaire (1), l'ordre se faisait avec du désordre, est une hypo-

---

(1) Il s'agit de Caussidière et de 1848.

thèse dont la hardiesse exclut la probabilité.

Quant à prétendre que nous voyons seulement un coin de l'Univers, et qu'au delà de ce coin les vérifications pourraient nous réserver des surprises, c'est une supposition absolument gratuite, autant que dépourvue d'intérêt pour ceux dont l'existence est assujettie à se dérouler dans les limites du seul coin connaissable. La méthode scientifique commande de s'élever du particulier au général ; et s'il peut être permis d'étendre par extrapolation les résultats dus à l'expérience directe, rien absolument n'autorise à admettre que l'inconnu viendrait donner un démenti formel aux conclusions uniformément concordantes du connu.

C'est pourquoi il nous plaît de voir, dans la simplicité si bien ordonnée de l'édifice du monde, la manifestation d'un dessein final, d'ailleurs trop naturel de la part d'une Intelligence souveraine, chez qui l'on ne pourrait, sans lui faire injure, soupçonner quelque penchant, soit pour d'inutiles complications, soit pour une vaine dépense d'efforts superflus.

CHAPITRE CINQUIÈME

LES NOTIONS D'ORIGINE ET DE FIN.

LA FINALITÉ DANS LE MONDE.

§ 1. — *Les notions d'origine et de fin.*

L'analyse scientifique des phénomènes, dont nous sommes les témoins, conduit-elle à la notion d'un commencement et à celle d'une fin ? ou bien leur succession doit-elle être interprétée comme la répétition indéfinie des mêmes circonstances, oscillant autour d'une moyenne invariable ? Cette question a été bien souvent débattue parmi les hommes de science et, selon leur tempérament, elle a reçu des solutions fort diverses. Même parmi ceux qui ne mettaient pas en doute la conception d'un état initial déterminé, il a été dépensé de grands efforts pour démontrer qu'aujourd'hui du moins, l'édifice du monde était en possession d'une stabilité parfaite, de sorte qu'il était impossible d'y entrevoir aucun indice d'une fin.

C'est dans le domaine de l'astronomie que cette

doctrine a d'abord cherché à s'imposer. Après que Newton eut découvert la loi de la gravitation universelle, il devint, ou du moins on dut croire possible, de traiter mathématiquement le problème du mouvement elliptique de chaque planète, en vue d'établir la position qu'à tout moment celle-ci devait occuper sur son orbite, ainsi que l'aspect sous lequel elle se montrerait à nous par rapport aux constellations. Il suffisait pour cela, en vertu de la formule newtonienne, de connaître la distance de l'astre au soleil, ainsi que la valeur des masses en présence.

Mais les instruments d'observation s'étaient notablement perfectionnés depuis le temps de Tycho-Brahé ; l'application du pendule aux horloges avait permis une exacte mesure de la durée, irréalisable jusque là. En appliquant les nouveaux procédés à la vérification des positions calculées, on reconnut qu'il y avait des écarts sensibles entre l'observation et la théorie, Il s'introduisait donc, dans le mouvement elliptique, des *perturbations*, dont il convenait de déterminer la loi.

Ces perturbations ne pouvaient résulter que de l'action mutuelle des diverses planètes du système solaire. La loi de la gravitation s'applique à tous les corps sans exception. Sans doute, la masse du soleil est absolument prépondérante ; mais si petites que soient en comparaison les autres masses, si grandes que soient leurs distances, les actions qu'elles exercent sur l'une d'entre elles ne sont pas négligeables. Au lieu donc d'envisager le cas de chaque planète, comme si elle n'avait affaire qu'au soleil, il aurait fallu traiter le problème suivant : Etant donné plusieurs corps de masse connues, circulant autour du soleil à des distances déterminées, et tous soumis, les uns à l'égard des autres, à la loi newtonienne, établir les circonstances de leurs mouvements.

C'est pure affaire de calcul. Mais il se trouve que, malgré toutes les ressources de la mécanique céleste, si le problème de deux corps qui s'attirent est facilement abordable, la difficulté devient énorme dès qu'un troisième corps intervient. Les plus savants géomètres ont dépensé de grands efforts en vue de ce célèbre *problème des trois corps*, devenu la pierre de touche où se révélerait l'habileté des mathématiciens. Finalement, M. Poincaré a démontré que sa solution exigerait des instruments mathématiques *infiniment plus perfectionnés* que ceux dont on dispose aujourd'hui ! Que serait-ce donc si l'on devait considérer à la fois toutes les planètes de notre système ? Ah ! si l'on était tenté de s'enorgueillir de tant de progrès accomplis par l'analyse depuis un siècle, quel rappel à la modestie ce serait que cette impossibilité, pour longtemps avouée, de traiter rigoureusement la question du mouvement de **trois** corps obéissant à une loi très simple !

Heureusement, si la solution exacte se dérobe, il reste les méthodes approchées, qui suffisent largement dans la pratique. Pour cela, dans les formules du mouvement elliptique d'une planète supposée seule, on fait intervenir, sous le nom de *fonction perturbatrice,* un ensemble de termes de correction, où figurent les divers éléments, masses, distances, excentricités des autres planètes du système, et on détermine ainsi, en partant des données de l'expérience, les *inégalités* que l'action de ces planètes est susceptible d'introduire dans le mouvement elliptique normal de l'astre considéré. C'est ce qui s'appelle établir la *théorie d'une planète.*

Cette détermination implique la résolution d'équations différentielles qui sont faciles à poser, mais dont l'intégration, même par approximation, offrirait d'énormes difficultés, si la masse des planètes n'était généralement presque négligeable par rapport à celle du soleil. En effet, ce dernier représente à lui seul les 700 millièmes de la masse totale du système dont il est le centre, et Jupiter, qui vaut trois cents fois notre terre, n'a encore que le millième de la masse du soleil.

Grâce à cette circonstance, la mécanique

céleste a pu triompher des difficultés qui se présentaient sur son chemin. Ses méthodes l'ont conduite à enregistrer, dans le mouvement des planètes, deux sortes d'inégalités. Les unes sont appelées *périodiques*. Elles ne dépendent que de la configuration des astres entre eux, et reprennent les mêmes valeurs quand ces configurations se reproduisent. Elles ne changent donc rien à la valeur moyenne des éléments des orbites, qui varient constamment, il est vrai, de petites quantités, mais en oscillant toujours autour d'une moyenne fixe.

Les autres inégalités, appelées *séculaires*, parce qu'elles embrassent une période beaucoup plus longue que la durée de révolution de la planète, affectent les éléments mêmes du mouvement elliptique, et pourraient à la rigueur les altérer sensiblement au bout d'un temps suffisamment long.

Telle est la crainte qu'on commençait à éprouver du temps de Newton. A cette époque, il semblait que le mouvement de Jupiter se fût accéléré, tandis que celui de Saturne paraissait devenu plus lent qu'autrefois. En 1772, Laplace fut en mesure de dissiper les appréhensions que ces résultats pouvaient faire naître. Non seulement il découvrit la cause de l'anomalie constatée; mais il s'assura que les expressions relatives aux inégalités séculaires disparaissaient dans les calculs relatifs aux grands axes des orbites et aux moyens mouvements des planètes, lorsqu'on négligeait les termes où les masses perturbatrices figurent à la deuxième puissance; approximation qui, d'ailleurs, était plus que suffisante pour les besoins de l'astronomie. Bientôt Lagrange démontrait que les changements d'excentricité ou d'inclinaison étaient sans aucune influence, dans quelque terme des fonctions perturbatrices qu'ils vinssent à figurer. La *stabilité indéfinie* des éléments planétaires pouvait donc sembler garantie à tout jamais.

La confiance en cette stabilité devint plus solide encore, lorsqu'en 1808 Poisson fit voir, par une savante analyse, que le résultat annoncé par Laplace ne cessait pas d'être exact, même quand on faisait entrer en ligne de compte les termes contenant la seconde puissance des masses. Ce résultat, en même temps qu'il établissait d'emblée la haute réputation du mathématicien de vingt-huit ans auquel il était dû, excita dans tout le monde savant une émotion, dont, plus de quarante ans après, la trace n'était pas effacée, comme le prouve le discours prononcé en 1851, à Orléans, par M. de Pontécoulant, lors de l'inauguration de la statue de Poisson.

« Pour son coup d'essai, disait l'orateur, Poisson a eu l'honneur de résoudre une question des plus importante pour la stabilité du système solaire du monde, et qui, après les travaux de Lagrange et de Laplace, pouvait encore laisser des doutes dans les esprits les plus judicieux. Désormais l'harmonie des sphères célestes est assurée, leurs orbites ne s'éloigneront jamais complètement de la forme à peu près circulaire qu'elles ont aujourd'hui, et leurs positions respectives ne feront que de légers écarts autour d'une position moyenne à laquelle la suite des siècles finira par les ramener éternellement. Le monde physique a donc été fondé à l'origine des temps sur des bases inébranlables, et Dieu, pour la conservation des races humaines, ne sera pas obligé, comme à tort l'avait cru Newton, de retoucher à son ouvrage. »

Il faut se souvenir en effet, qu'à la fin de son *Optique*, le grand philosophe de Cambridge avait fait allusion à ces inégalités séculaires, « qui probablement deviendront plus grandes par une longue suite de temps, jusqu'à ce qu'enfin ce système ait besoin d'être remis en ordre par son auteur ». Plus tard, cette pensée provoqua la critique de Laplace dans son *Exposition du système du Monde*. Le grand géomètre ne craignit pas de traiter de « vaines hypothèses » aussi bien l'intervention divine invoquée par Newton que l'harmonie préétablie de Leibnitz. A cette occasion, Laplace affirmait de nouveau que « les éléments du système planétaire sont ordonnés de manière qu'il doit jouir de la plus grande stabilité ». C'est alors qu'envisageant l'Univers comme un immense mouvement d'horlogerie, les uns réduisaient le rôle présent du Créateur à contempler le mécanisme auquel il se serait contenté de donner l'impulsion première, la *chiquenaude* initiale, tandis que d'autres, plus hardis, déclaraient inutile l'hypothèse d'une Toute-Puissance, à ce point désintéressée d'une œuvre qui désormais était assurée de marcher toute seule.

Cependant cette confiance absolue reposait en fait sur une erreur, ainsi que l'a fait voir il y a vingt ans M. Poincaré. Les formules du mouvement des planètes renferment des termes qui ont la forme de séries, et la convergence de ces séries, nécessaire à la démonstration, avait été admise sans discussion par tous les analystes. En cela, non seulement ils se trompaient, mais, selon M. Poincaré, à supposer qu'on parvînt à représenter les coordonnées des astres par des séries trigonométriques convergentes, *on n'aurait pas démontré la stabilité du système solaire*, et le même auteur, en indiquant les conditions que devrait remplir une démonstration satisfaisante, ajoutait : « La solution me paraît encore très éloignée. »

Hâtons-nous de dire que le système solaire n'est par pour cela menacé d'une prochaine dislocation. Si sa stabilité indéfinie n'est pas garantie, du moins sa condition est actuellement telle que, pendant de longues années encore, ainsi que permettent de l'estimer les calculs de Le Verrier et de ses continuateurs, la position d'un astre pourra être fixée, à cent ou cent cinquante ans de distance, sans qu'on ait à craindre une erreur d'une seconde de temps. Il n'en est pas moins vrai que si l'on veut envisager un avenir beaucoup plus lointain, comparable à ces milliers de siècles que la géologie est accoutumée à considérer, la belle assurance fondée sur les calculs de Laplace et de Poisson n'a plus sa raison d'être. On peut même se montrer surpris que cette illusion ait été entretenue par l'homme de génie à qui l'on doit l'hypothèse de la nébuleuse primitive. Comment l'évolution qui, partant de cette masse chaotique, en aurait tiré successivement les planètes et leurs satellites, pouvait-elle aboutir à ce repos indéfini, à partir duquel tout changement aurait été interdit à un système originairement si variable ?

On pourrait dire que l'ancienne astronomie avait tenté de figer le monde sidéral dans un moule éternel. Pour elle, les astres étaient quelque chose d'analogue aux points matériels de la dynamique classique. L'erreur était la même, et il faut aujourd'hui se résigner à doter tous ces astres d'une vie propre. A défaut des télescopes, la photographie du ciel suffirait à démontrer que l'aspect de la voûte céleste n'est pas invariable. Comètes capturées, qui ne reviendront plus que sous la forme d'essaims capricieux d'étoiles filantes; étoiles allumées tout à coup dans le ciel, à une place où les anciens n'avaient jamais rien vu; étoiles qui changent de couleur, c'est-à-dire d'état physique; nébuleuses en voie de condensation; sans compter l'indéniable évolution interne de chaque planète; il y a dans tout cela de l'énergie, c'est-à-dire des causes de changement, beaucoup plus actives qu'on ne l'imaginait. Avoir commencé, et n'être pas exposé à finir, était une notion quelque peu contradictoire. A la science qui croyait l'avoir établie, une science mieux informée inflige un démenti, que la philosophie ratifiera sans peine.

Ajoutons que la notion astronomique d'origine, que Laplace avait du moins si bien entrevue, a reçu une nouvelle force de certaines constatations récentes. L'hypothèse de la nébuleuse primitive, d'où seraient sortis successivement le soleil, les planètes et leurs satellites, rencontrait encore quelques réfractaires, qui demandaient à quelle source cette nébuleuse aurait pu emprunter la chaleur dont elle devait être pourvue au début, et dont les restes sont encore aujourd'hui si manifestes, ne fût-ce que dans les profondeurs de notre globe. Or il semble que les dernières recherches des physiciens aient répondu à cette difficulté d'une manière très satisfaisante.

En effet, on tend aujourd'hui à considérer que les derniers éléments des corps sont formés par des *corpuscules* ou *millièmes* d'atomes, qui, à l'état isolé, se montrent pourvus d'une charge électrique considérable, qu'on a pu mesurer. Lors de la réunion de ces corpuscules en atomes, leur énergie électrique se transforme en chaleur, et on a calculé que, de ce chef, la formation d'un gramme d'hydrogène dégagerait une énergie calorifique capable d'élever de quatorze mille degrés la température d'un gramme d'eau (1). Ainsi disparaît l'objection par laquelle plusieurs avaient tenté d'écarter l'hypothèse de la nébuleuse initiale.

*
* *

Pendant que l'astronomie de la fin du dix-huitième siècle se complaisait dans les constatations où elle croyait voir la preuve de l'absolue stabilité du monde planétaire, une doctrine tout à

---

(1) Friedel, *Petermanns Mitteilungen*, 1905, p. 11.

fait semblable voyait le jour en Angleterre, à propos de la succession des phénomènes dont la surface terrestre est le siège incessant. C'est celle qui, professée par le célèbre écossais Hutton, l'un des fondateurs de la géologie, et portée à la connaissance du public par son disciple Playfair, a été le fondement de la théorie *actualiste*, défendue avec éclat par Lyell, en opposition avec la thèse des *cataclysmes*, soutenue par les géologues du continent.

Le mérite d'Hutton est d'avoir parfaitement reconnu que l'écorce terrestre se composait de sédiments produits au sein des eaux, et entremêlés de formations éruptives semblables aux laves des volcans modernes. Surtout il ne lui a pas échappé que les sédiments étaient le résultat d'un travail universel de destruction, auquel l'écorce était soumise de la part de forces extérieures sans cesse à l'œuvre. « Chaque chose descend et rien ne remonte, disait-il; les corps durs et solides se dissolvent et ceux qui sont mous et tendres ne se consolident nulle part. Les puissances qui tendent à conserver et celles qui tendent à changer la surface de la terre ne sont jamais en équilibre; les dernières, dans tous les cas, sont les plus fortes. La loi de destruction est de celles qui ne souffrent pas d'exception. »

Voilà certes une déclaration bien catégorique, à la suite de laquelle on devrait s'attendre à trouver, comme conséquence forcée, l'annonce de la fin inévitable de l'état de choses actuel, comme aussi l'affirmation d'un commencement? Comment l'auteur a-t-il pu, partant de telles prémisses, arriver à une conclusion opposée? C'est qu'aux yeux d'Hutton, il devait exister un rapport étroit entre les vicissitudes de la surface terrestre et les oscillations périodiques des éléments des planètes. Comme ces derniers, l'état de la surface graviterait autour d'une moyenne invariable, tout était prévu pour une durée et une étendue illimitées ; l'histoire de l'écorce terrestre devait être un perpétuel recommencement. La doctrine se résumait dans une formule devenue célèbre : « *no traces of a beginning, no prospects of an end* », c'est-à-dire : *pas de traces d'un commencement ; pas d'indices d'une fin.*

Ce n'est pas qu'Hutton songeât de propos délibéré à enseigner l'éternité du monde. Le reproche d'impiété, que lui adressait son contemporain Kirwan, a été nettement repoussé par lui comme par Playfair. « C'est, dit l'ouvrage de ce dernier, une chose toute différente de dire que, dans l'arrangement du monde, nous ne voyons aucune marque de commencement ni de fin, ou bien d'affirmer qu'il n'y a point eu de commencement et qu'il n'y aura pas de fin. La première conclusion est justifiée par le sens commun et par la saine philosophie, tandis que la seconde est insoutenable, fondée sur la présomption et combattue par l'expérience ou l'analogie... »

Ce que l'auteur avait en vue, c'était l'ordre *actuel* des choses. Sa conviction était que, en ce qui concerne cet ordre, aucune branche de l'histoire naturelle ne nous fournissait l'occasion d'entrevoir ni marques d'un commencement ni indices d'une fin. Cela lui paraissait d'ailleurs tout simple, et il se plaisait à y voir une manifestation de la sagesse du Créateur. « L'auteur de la nature, écrivait-il, n'a pas donné au monde des lois semblables aux institutions humaines qui portent en elles-mêmes le germe de leur destruction. Ses ouvrages ne montrent aucun caractère d'enfance ni de caducité, ni aucun signe, qui puisse nous en faire deviner l'éventualité. Mais *nous pouvons conclure avec certitude que cette grande catastrophe ne s'effectuera par aucune des lois qui existent maintenant et que rien de ce que nous apercevons ne la rend présumable* ». Enfin on lit encore dans le même livre que « le temps n'a point d'effet pour user ou détruire une machine construite avec tant de sagesse ».

Ainsi la sérénité des astronomes avait gagné les fondateurs de la science géologique de l'autre côté du détroit ; et ne nourrissant pour leur compte aucun dessein philosophique malfaisant, là où une observation plus sagace aurait dû leur faire apercevoir un processus ordonné d'évolution, ils ne voyaient que la répétition indéfinie de phénomènes identiques.

Or, au moment même où Hutton édifiait sa théorie, William Smith commençait ses récoltes de fossiles dans les strates des comtés du centre et du sud de l'Angleterre, si différentes à cet égard de celles qui affleurent en Ecosse. Il jetait ainsi les fondements de la paléontologie, qui en se développant n'allait pas tarder à reconnaître quelle profonde différence sépare les êtres du passé de ceux du présent. Ainsi, peu à peu, et malgré la résistance obstinée d'une école *actualiste* qui réagissait sans mesure contre les excès des *catastrophistes*, à l'idée d'une répétition monotone succédait celle d'une évolution réglée. Il a bien fallu se résoudre à admettre que la vie n'avait pas toujours existé sur le globe ; que les différents types d'organismes avaient fait leur apparition les uns après les autres, dans l'ordre même de leur supériorité physiologique croissante ; et que beaucoup de ceux de l'origine s'étaient éteints sans léguer à la nature actuelle aucun représentant direct.

Pendant que le monde organique donnait lieu

à cette constatation, une meilleure connaissance des phénomènes volcaniques et de la chaleur interne finissait par mettre hors de doute l'existence du foyer igné où s'alimentent les éruptions. Pourtant on a fait, à maintes reprises, des tentatives désespérées pour échapper à cette notion du feu central, si gênante pour ceux à qui répugnent les idées d'origine et de fin. Il n'y a pas d'hypothèse qu'on n'ait mise en avant, pour expliquer sans le secours de cette notion les circonstances qui engendrent les volcans. Mais de jour en jour l'insuffisance de ces explications est devenue plus manifeste, et bien peu aujourd'hui parmi les hommes compétents oseraient contester sérieusement l'existence de l'énergie interne de notre globe, reste d'une provision originelle datant de l'époque où la terre, récemment détachée de la nébuleuse solaire, était encore fluide.

Or, parler d'une chaleur initiale, c'est affirmer à la fois un commencement et une fin; car toute chaleur qui ne se renouvelle pas est condamnée à se dissiper.

Il ne reste donc rien de la formule d'Hutton. Les transformations de l'écorce terrestre n'oscillent pas autour d'une moyenne invariable. Non seulement la stabilité actuelle n'est en rien garantie, mais tous les éléments de l'écorce portent les traces indéniables d'une évolution ordonnée, qui marche dans un sens déterminé. Comme, d'autre part, il n'est pas admissible que le soleil puisse conserver indéfiniment une puissance calorifique et lumineuse, si généreusement dépensée par lui chaque jour au profit de tout ce qui l'entoure, et qui est le principe indispensable de toutes les actions produites à la surface de notre terre, il est permis de dire qu'on n'entrevoit que trop clairement, au dehors comme au dedans du globe terrestre, les causes multiples qui devront amener la fin de l'état de choses actuel.

*
* *

Les considérations qui précèdent ne visent que la terre et le système solaire. Le reste de l'Univers échapperait-il à la même destinée ? Cela n'est pas à croire. La notion d'origine et de fin, appliquée à la Création tout entière, semble trouver une confirmation remarquable dans la loi fondamentale de cette Énergétique, en laquelle toutes les sciences de la matière tendent de plus en plus à se réunir.

Le déplacement de l'énergie est la condition essentielle de l'existence des phénomènes, dont chacun ne peut consister qu'en un changement survenu dans les objets qui nous entourent ; mais les transformations de l'énergie ne s'effectuent pas indifféremment dans un sens ou dans un autre. Toutes ne sont pas *réversibles*, suivant l'expression usitée ; et en outre l'expérience nous apprend qu'il est une forme de l'énergie, la chaleur, dont la stabilité l'emporte sur celle de toutes les autres formes connues, ce qui la rend spécialement impropre aux fonctions actives. Aussi l'a-t-on qualifiée de forme inférieure ou *dégradée*. Or, quand il s'agit de transformations irréversibles, comme celles qui accompagnent le frottement, les chutes de chaleur par rayonnement, la résistance des conducteurs électriques, etc., la dégradation résultante est définitive. Sans doute la quantité d'énergie n'a pas varié ; mais la proportion qui en pouvait être utilisée pour produire du travail se trouve amoindrie ; la *qualité* de l'énergie a diminué (1).

De cette constatation fondamentale, Clausius et Lord Kelvin ont déduit que l'univers marchait fatalement dans un sens déterminé, la *dissipation de l'énergie* ayant pour effet d'user incessamment la partie utilisable. Ce serait donc, à une échéance lointaine, mais inévitable, la suspension de toute possibilité de déplacement, c'est-à-dire de tout phénomène.

A la vérité, cette conclusion s'appuie sur le

---

(1) E. Picard, *Exp. univ. de 1900*. Rapport sur les sciences, p. 31.

principe de la conservation de l'Energie, lequel n'a de sens précis que pour un système *isolé*. On peut prétendre que c'est le cas d'un univers fini ; seulement ceux qui le conçoivent comme infini ne se rendraient pas à cette raison. Quoi qu'il en soit, il est intéressant de voir l'idée d'une évolution finaliste se présenter, avec une telle force, comme conséquence du principe universel dans lequel se résument actuellement toutes les lois des phénomènes connaissables.

§ 2. — *La finalité dans le monde.*

C'est de nos jours un exercice dangereux de venir parler de causes finales. Beaucoup trouvent le thème démodé, et haussent volontiers les épaules, quand on aborde ce sujet devant eux, tout prêts à demander avec quelque dédain de quelles confidences on prétend s'autoriser pour venir dévoiler les intentions de l'Auteur de toutes choses. Pour nous, la même tendance qui nous a porté à rechercher l'ordre dans la Création doit nous libérer de ce scrupule, et c'est pourquoi nous ne nous refuserons pas la satisfaction de faire valoir quelques-uns des exemples où éclate le mieux le principe de finalité.

Nous pourrions, pour commencer, rappeler ce que nous avons dit sur les si curieuses associations que forment les cristaux, et qui toutes ne peuvent s'expliquer que par le besoin de conquérir, à l'aide d'une symétrie plus élevée, une résistance plus complète à l'égard des causes extérieures de destruction ; phénomène *téléologique* au premier chef, puisqu'il se réalise en des objets chez lesquels il n'est permis d'admettre ni instinct, ni calcul, ni tâtonnements, ni dispositions transmises par héritage. Mais, renvoyant pour cette démonstration au chapitre précédent, bornons-nous ici à considérer des exemples empruntés à d'autres ordres de connaissances.

⁂

Entre toutes les puissances naturelles, aucune n'a des propriétés plus remarquables que l'eau, ce véhicule indispensable de toutes les réactions, aussi bien dans le règne minéral que dans le règne organique. Vaporisée par tout excès de température, elle absorbe pour changer d'état une quantité de chaleur qui modère localement l'effet des rayons solaires. Au contraire, quand elle se condense par refroidissement, elle dégage la chaleur primitivement absorbée, qui vient en compensation du froid ambiant. C'est donc un précieux régulateur de température. Sa propriété de transformer les radiations en les rendant obscures lui fait retenir, au profit des basses régions, que l'homme habite de préférence, une chaleur qui sans cela retournerait par rayonnement à des hauteurs où elle n'a pas d'office utile à remplir. Immobilisée sous forme de neige sur les cimes où l'activité de l'homme ne peut s'exercer, elle assure par les glaciers la permanence des réservoirs où s'alimentent les artères fluviales. Tombée en pluie sur le sol, elle s'y infiltre en partie, et purifiée à travers un réseau de canaux souterrains, se concentre pour nourrir les belles sources au débouché desquelles se constituent les groupements humains, avides de profiter de cette fraîcheur et de cette limpidité, qui ajoutent leurs mérites à celui de la constance du débit.

Or, de toutes les propriétés essentielles de l'eau, nulle n'est plus digne d'attention que la particularité en vertu de laquelle, contrairement à l'immense majorité des liquides, l'eau douce ne se contracte pas en se solidifiant. Personne n'ignore que la glace est plus légère que l'eau, et que la densité de celle-ci atteint son maximum à la température de quatre degrés.

Si donc l'air vient à se refroidir au-dessus d'un lac ou d'une rivière un peu profonde, cette influence se traduit par la descente d'une couche à 4 degrés. Si le refroidissement s'accentue, la surface finit par se congeler. Mais alors la glace, qui surnage, forme au-dessus de l'eau restante une couverture protectrice, et il suffit que l'épaisseur de cette couverture dépasse un petit nombre de mètres pour qu'elle devienne impénétrable au froid extérieur, quelque intensité qu'il atteigne.

De cette manière, dans les parages de la zone tempérée froide, la base d'une masse d'eau lacustre ou fluviale conserve, par les froids les plus rigoureux, une liquidité et une température propices à l'existence des animaux aquatiques, qui sans cela seraient détruits durant les grands hivers, n'ayant pas, quand le froid survient, la possibilité de se réfugier dans des régions mieux favorisées.

Cette disposition devra paraître encore plus providentielle, si l'on réfléchit qu'il n'en est pas de même pour l'eau de mer, dont la densité augmente jusqu'au point de congélation, atteint aux environs de trois degrés sous zéro. Mais la chute qui en résulte est sans inconvénients pour les habitants de la masse océanique, d'abord parce qu'ils peuvent émigrer où ils veulent ; ensuite parce que, la surface une fois prise, une banquise de cinq à six mètres suffit, même au voisinage du pôle, pour empêcher le froid de pénétrer plus bas ; de sorte que la croûte glacée, baignée par une atmosphère où la température s'abaisse parfois à plus de soixante degrés, n'en continue pas moins à flotter sur une nappe liquide.

*
**

Faisons maintenant une incursion dans le monde organique. Les exemples de finalité y sont nombreux, et la tâche de les mettre en lumière sera facile, après les belles études que M. Paul Vignon a consacrées au *Matérialisme scientifique* dans la *Revue de Philosophie* de 1904.

Citons d'abord les faits extraordinaires que M. Yves Delage a découverts en étudiant l'évolution de la *sacculine*. L'être ainsi nommé est un crustacé, voisin des cirrhipèdes, qui s'installe comme parasite dans une partie bien déterminée de l'intestin d'un crabe. Une fois logée dans son hôte, la sacculine y différencie un appareil reproducteur, lequel perce les téguments du crabe et devient externe ; après quoi il émet des œufs. Ceux-ci engendrent des larves du genre *Cypris*, qui commencent par flotter en liberté. En nageant, une de ces larves vient s'accrocher à la base d'un poil de crabe, où elle perd en s'immobilisant ses organes de natation. Alors on la voit réduire ses tissus cellulaires internes en une sorte de bouillie ; puis elle secrète, en un point déterminé de sa tête, une véritable canule à bord tranchant, pareille à celle d'une seringue de Pravaz, ce qui lui permet de percer la cuticule souple qu'elle a fait naître à la base du poil, et, par contraction de son propre tégument devenu élastique, d'injecter sa propre substance dans la cavité générale de l'hôte involontaire, pour y atteindre le point de prédilection où il lui convient de se développer.

Or ni la sacculine ni le crabe n'ont existé de tout temps. Il a fallu que ce travail de fabrication d'une canule tranchante eût un commencement. Quel que fût le parent immédiat de la première larve *Cypris* qui aura fait souche de sacculines, comment expliquer la modification, soudaine et profonde, par laquelle un de ses rejetons s'est trouvé muni d'armes si nouvelles, et, au lieu de continuer sa croissance dans le liquide ambiant, est venu pénétrer par effraction dans l'intérieur de son hôte ? Si c'est le résultat d'essais, incomplets d'abord, et dont la tradition, léguée aux descendants, aurait été perfectionnée par eux, on serait en plein finalisme intelligent ; ou si la réussite finale a été préparée sans que la volonté de l'animal y fût pour rien, « la téléologie de ces essais, si étrangers aux facultés normales de l'espèce, n'apparaîtrait pas comme moins certaine. »

Voici encore un autre exemple, tiré de ce qu'on

appelle les faits de *mimétisme*. Il s'agit de ces curieux insectes, dont toutes les parties se sont modifiées de manière à copier soit des brindilles desséchées, soit de véritables feuilles parfaitement reproduites, avec leurs nervures principales et secondaires, sans même qu'il y manque des parties qui semblent avoir été avariées ou rongées par quelque limace. « Avec le papillon *Kallima*, dit M. Vignon, ce sont les deux ailes d'un même côté qui s'associent, quand les ailes sont redressées, pour imiter une feuille de l'arbuste sur lequel vit l'animal ; la couleur et les détails sont parfaits ; mais ce qu'il faut surtout comprendre, c'est que l'aile antérieure représente la partie distale, et l'aile postérieure la partie proximale de la même feuille, la nervure médiane de la feuille imitée de la sorte se continuant exactement d'une aile sur l'autre ; cela nous montre que la force organo-formative (pour employer une expression qui n'engage à rien) a dû découper et organiser bien savamment chacune de ces ailes, puisque celle-ci réalise ainsi une forme déterminée, non pas en elle-même, mais par le fait de son union avec l'autre aile. Et pour parfaire l'imitation, l'aile postérieure se prolongeant en une corne qui vient au contact de la branche sur laquelle le papillon repose, voici que cette corne reproduit le pétiole de la feuille, et donne à l'insecte comme une insertion sur le rameau végétal (1). »

Quand le mimétisme se borne, chez un animal, à lui faire prendre une teinte voisine de celle du milieu où il doit vivre, on peut admettre sans grande difficulté que cette propriété lui vienne de la meilleure résistance des êtres similaires que le hasard avait dotés de la teinte en question ; mais, en vérité, comment invoquer le hasard, lorsqu'il s'agit d'une suite aussi merveilleusement agencée de dispositions, ingénieuses jusqu'à l'invraisemblance ?

Quelques-uns n'ont pas craint de faire intervenir un dessein prémédité de l'espèce elle-même, admettant que l'animal ait pu parvenir par hérédité à une ressemblance spécifique avec l'objet « que ses ancêtres s'étaient ingéniés à imiter volontairement ». Qu'une *volonté* soit intervenue, nous le croyons sans peine, pourvu que ce ne soit pas celle de l'insecte, mais bien celle de la Puissance qui a formé ce dernier.

Nous voudrions encore pouvoir citer en entier les pages où M. Vignon démontre qu'aucun mécanisme antitéléologique ne pourra jamais expliquer, ni comment les oiseaux se seraient différenciés en partant d'une souche reptilienne, ni de

---

(1) M. Vignon recommande à ce propos les charmantes descriptions des papillons *Kallima* et *Caligo*, données par M. A. Janet dans sa brochure *Les Papillons*, Paris, Rudeval, 1902.

quelle façon des insectes primitivement aptères auraient pu devenir ailés. En face de telles transformations, les matérialistes consciencieux se voient obligés de professer un *agnosticisme* complet. Sans prétendre être mieux renseignés à l'égard des causes immédiates qui ont produit ces évolutions, nous aimons du moins à les placer sous l'égide d'une cause directrice plus élevée, à savoir l'harmonie active qui gouverne la nature.

.•.

Interrogeons maintenant la Géologie, dont la fonction est de nous faire connaître l'histoire de l'écorce terrestre, qui sert de support à l'humanité, et dans le sein de laquelle il nous faut aller chercher tout ce qui est nécessaire à la satisfaction des besoins matériels d'une société parvenue à la pleine civilisation.

De tous les phénomènes qui ont concouru à la formation de cette écorce et des richesses qu'elle contient, il n'en est aucun, à nos yeux, où la finalité se manifeste avec plus de force que dans la constitution des réserves de charbon de terre. qui sont, comme on l'a justement dit, le pain quotidien de l'industrie moderne. Le choix de l'époque où la principale part de ces réserves s'est formée; le processus qui a présidé à leur accumulation; la façon dont elles ont été préservées de la destruction, tout atteste un dessein merveilleusement poursuivi, que nous serions ingrats de méconnaître. Essayons de retracer les phases de cette épopée géologique, comme on pourrait vraiment la nommer.

Un jour que, dans une société d'économistes, on discutait sur l'épuisement possible des mines de charbon de terre, un des assistants affecta de ne pas redouter cette éventualité, disant que d'ici là on trouverait le moyen de « mettre le soleil en bouteilles ». C'était oublier que l'opération avait été déjà pratiquée de main de maître, et que non seulement la mise en bouteilles, mais la mise en cave et la bonne conservation de celle-ci s'étaient effectuées dans des circonstances dignes de toute admiration. C'est ce que nous allons chercher à démontrer.

A partir du jour où l'écorce terrestre a été suffisamment refroidie pour que l'eau, primitivement contenue en vapeur dans l'atmosphère, pût se condenser à sa surface et y donner naissance aux océans, une lutte s'est engagée entre ces derniers et les rudiments de la terre ferme, qui cherchait à conquérir son assiette.

Pendant de longues périodes, la terre ferme, encore trop instable, n'a été habitable pour aucun vertébré; et même, de longues suites de siècles, représentées par bien des milliers de mètres de dépôts, ont dû s'écouler avant que, dans les mers, les poissons vinssent se joindre aux crustacés, aux mollusques et aux êtres inférieurs, jusque là seuls possesseurs de ce domaine.

Au moment où les poissons apparaissent, les premières traces d'une végétation continentale se montrent, comme si, à ce moment, l'assiette de l'écorce commençait à se prononcer. Bientôt, avec le début de la grande époque houillère, cette végétation prend son essor presque d'un coup, et ne tarde pas à déployer une vigueur extraordinaire, attestée sinon par la variété de ses types, assez monotones, du moins par le nombre, la taille et la rapide croissance des individus.

C'est alors que se dessine en Europe, de l'est à l'ouest, un vaste sillon, dont on peut suivre aujourd'hui les traces depuis le canal de Bristol jusqu'en Pologne et qui, limité au nord par une ligne allant des Highlands d'Ecosse au massif central polonais, s'arrête au sud contre un rivage marqué par la Cornouaille anglaise, l'Ardenne, le massif rhénan et la Bohême. Semé d'un certain nombre d'îles, ce sillon représente un grand estuaire, conduisant à une mer, étalée sur la Russie, l'Oural et l'Asie centrale, les eaux de quelque fleuve, qui devait prendre son origine dans l'Atlantique alors émergé.

Par une disposition remarquablement symétrique, ce même continent atlantique envoie du côté opposé, sur l'emplacement actuel de la Pensylvanie et de l'Illinois, d'autres fleuves, auxquels se joignent les eaux provenant de la région canadienne, et le grand estuaire, après avoir longé une terre appalachienne, débouche à l'ouest dans une mer libre qui couvre le Texas, le Kansas et la région des Montagnes Rocheuses jusqu'au Pacifique.

Sur tout le parcours qui vient d'être indiqué, la température est celle qui convient aujourd'hui aux tropiques. Il n'y a pas de saisons, et la végétation ne subit jamais de temps d'arrêt, comme l'atteste l'absence de toute plante à feuilles caduques et de tout arbre ligneux offrant des couches annuelles alternatives. L'atmosphère est lourde et humide, chargée de vapeurs et, sans doute aussi, riche en acide carbonique. Ou bien le soleil est encore une nébuleuse assez dilatée; ou ses rayons ne forcent pas librement le rideau de nuages dont la terre est couverte: toujours est-il que les plantes à fleurs, cet indice infaillible d'une vive lumière, capable de provoquer la formation de tissus aux couleurs brillantes, font complètement défaut.

De gigantesques lycopodes, de grandes fougères, des prêles de taille extraordinaire, enfin des végétaux étroitement alliés aux cycadées, tels sont les éléments de cette flore.

Mais à qui va profiter cette exubérante végétation, qui prend si vite possession de la terre enfin raffermie, et absorbe pour sa croissance une forte proportion de l'énergie de l'astre central? Il n'y a pas encore, sur la terre, un seul vertébré à respiration aérienne; preuve manifeste que l'air n'est pas respirable. A peine cette époque nous a-t-elle légué quelques restes d'insectes, appartenant aux familles qui fréquentent les atmosphères lourdes et chargées d'humidité. Les représentants les plus élevés du monde continental sont des amphibies, les labyrinthodontes, hôtes principaux des marécages autour desquels se développe la végétation du temps. Celle-ci est donc sans objet, puisqu'il n'existe encore ni herbivores qui s'en puissent rassasier, ni oiseaux susceptibles d'y nicher. Va-t-elle pourrir au fur et à mesure, rendant à l'atmosphère, sans pouvoir la purifier, l'acide carbonique qu'elle lui avait pris? Ne restera-t-il rien de l'énergie qui avait été consommée pour la produire, et qui ainsi aura été dépensée en pure perte?

Tel n'était pas, sans doute, le dessein de Celui qui avait voulu que la terre devînt un jour la demeure de l'homme. Pendant que, dans les impénétrables fourrés de l'époque, s'accumulent sans relâche, au pied des végétaux vivants, d'énormes masses de détritus, fruit de cette croissance extraordinaire, et noyées au sein d'une humidité surabondante, des myriades de microbes opèrent dans ces marécages, élaborant la cellulose et l'enrichissant progressivement en carbone, ainsi qu'en principes gras et féculents. De cette manière se constitue une vraie purée végétale, riche en matière ulmique ou humique. Cette purée a déjà la composition de ce qui sera de la houille, et elle est inégalement riche en bitumes et matières volatiles, selon que la macération a été plus ou moins avancée, ou qu'elle a porté de préférence sur des feuilles et des écorces, plutôt que sur des rameaux, des graines et des fruits, sur des cryptogames plutôt que sur des cycadées.

Mais, si elle demeurait sur place, malgré l'eau qui l'imprègne, sa décomposition risquerait de s'achever à l'air libre; et alors ce serait une combustion lente, avec perte dans l'air de tous les éléments si laborieusement accumulés.

Heureusement le grand sillon qui traverse la région des épaisses forêts n'est pas stable. Il n'est lui-même que la marque d'un pli concave de l'écorce terrestre, d'une partie faible de la croûte, qui cède peu à peu en s'approfondissant toujours, pendant qu'au contraire son bord méridional ne cesse de s'exhausser. Ce mouvement ajoutant son action à celle des circonstances climatériques, notamment de l'humidité de l'atmosphère, détermine d'abondantes chutes d'eau qui, ruisselant sur les pentes, entraînent périodiquement avec violence, vers le sillon, non seulement la couche de détritus végétaux déjà formée, mais une partie du terrain qui la porte et les plantes en train de croître sur cet amas de débris. Le tout débouche dans les estuaires et, avant que la purée végétale et les fragments arrachés aux plantes vivantes aient eu le temps de se disperser dans l'eau ou de remonter à la surface, une nouvelle inondation survient, qui les recouvre de détritus argileux ou sableux, à l'abri desquels ils vont désormais subsister en gagnant de plus en plus de compacité.

Parce que le grand sillon continue à s'approfondir, des milliers de mètres de dépôts pourront s'y entasser successivement, de manière à offrir parfois, comme en Westphalie, soixante ou quatre-vingts mètres de charbon sur une même verticale. Jamais d'ailleurs, dans la bande privilégiée où se forment les gisements de l'Angleterre, de l'Artois, de la Flandre, du Hainaut et de la Westphalie, la puissance de chaque couche végétale ne dépassera sensiblement un chiffre voisin d'un mètre; comme si la précaution était déjà prise en vue d'une exploitation future, à laquelle ce degré d'épaisseur sera éminemment favorable; une couche plus puissante ne pouvant être enlevée souterrainement qu'à la condition de provoquer dans sa masse des mouvements qui disloquent le charbon et risquent d'en déterminer l'inflammation spontanée.

Ne peut-on pas aussi regarder comme une sorte de fait exprès cette heureuse intercalation, entre deux veines successives de charbon, d'une masse de sédiments stériles, assez puissante pour que les tassements auxquels donnera lieu l'exploitation d'une veine, se transmettant à un milieu un peu élastique, puissent ne pas disloquer les veines qui viennent au-dessus, en y faisant naître des crevasses dangereuses?

Ainsi, peu à peu, et bien qu'il continue à s'enfoncer, le sillon se comble. Au début, la mer y avait encore accès par moments, et des animaux nageurs, de la classe des céphalopodes, les goniatites, précurseurs des ammonites, s'y hasardaient dans l'intervalle de deux inondations, accompagnées d'un transport de végétaux et de boues. Mais bientôt ces animaux marins disparaissent; on trouve à leur place des organismes offrant une grande analogie avec nos moules de rivières, ou du moins avec les formes de cette famille qui fréquentent les eaux saumâtres. Enfin tout en haut, quand la formation du charbon de terre va prendre fin, ces coquilles se rapprochent de plus en plus des types d'eau douce. C'est le signe de la grande émersion qui se prépare, et qui, libérant toute l'Europe ou à peu près, va pour un long temps rejeter la mer sur l'Oural et sur quelques recoins de la Méditerranée.

Toutefois, si cette émersion devait consister en un simple relèvement du terrain, les dépôts qui viennent de se former risqueraient d'être rapidement détruits. Ramenés dans le domaine continental, ils seraient ravinés par les torrents, entraînés dans les rivières, décomposés à l'air libre sur leurs affleurements, et ainsi tout le travail de leur formation pourrait être perdu.

Mais le mouvement affecte un tout autre caractère. Nous avons dit que le pli des terrains houillers accusait une zone faible de l'écorce. Il s'était creusé sous l'effort d'une pression venant du sud. Au moment où achevaient de se déposer les dernières couches des bassins de Valenciennes et de la Westphalie, celles qui aujourd'hui nous fournissent les riches charbons à gaz, la poussée s'est trouvée si forte qu'elle l'a emporté sur la résistance de l'écorce. Une sorte de vague rocheuse gigantesque est venue heurter le bord méridional de l'estuaire en le refoulant au nord. C'est alors que les couches, originairement horizontales, ont subi les contournements en zigzag si bizarres, que les mineurs appellent des *dressants*. Ce renversement n'a pas suffi. La poussée continuant, les terrains anciens qui formaient le bord du pli sont venus à leur tour recouvrir ce dernier en ondulations pressées. De la sorte, à la place même où pendant si longtemps le pli n'avait cessé de se creuser, s'est dressé, du canal de Bristol et du Finistère jusqu'au bout de la Bohême, une chaîne de montagnes, sans nul doute aussi haute que nos Alpes, la chaîne *armoricaine-varisque* de M. Suess, le chaîne *hercynienne* de M. Marcel Bertrand. Au même moment, et par suite d'un mouvement tout semblable, le continent atlantique était poussé contre son rivage américain et y engendrait l'ancien bourrelet des Appalaches.

Si, au cours de ces violentes poussées, certains lambeaux des dépôts antérieurement formés avaient pu subir quelque dommage, du moins la plus grande masse, désormais enfouie sous des centaines et même des milliers de mètres de roches protectrices, allait, pendant de longues suites de siècles, se trouver soustraite à toute destruction. Le trésor, fruit d'un savant emmagasinage de l'énergie solaire, dépensée dans des conditions dont l'équivalent ne se reverrait plus, n'était pas seulement constitué. Il était désormais mis à l'abri

Cependant, si fière que soit une chaîne de

montagnes, le temps impitoyable finit toujours par en avoir raison. Un à un, les matériaux de la chaîne descendent, entraînés par les avalanches, les glaciers et les eaux courantes, et un jour vient où l'ancienne montagne, rabotée jusqu'à ses racines, ne laisse plus voir à sa place qu'une plaine monotone, où l'état de complication des strates permettra seul de soupçonner tout ce que l'érosion a réussi à enlever.

Or le jour où la disparition du relief hercynien allait rendre précaire la condition des dépôts houillers sous-jacents, un affaissement du sol a permis l'arrivée de la mer par une invasion lente et progressive, exempte de troubles violents, qui se seraient traduits par des ravinements.

Ainsi se sont étalés, sur l'Artois et la Flandre comme sur la Westphalie et la Silésie, les *morts-terrains*, formés surtout de craie et de sables tertiaires ; couverture protectrice qui est venue renouveler, cette fois sans perturbation, le rôle bienfaisant de la chaîne hercynienne.

Lors donc qu'aujourd'hui, pour atteindre le terrain qui contient le charbon de terre, le mineur est obligé de creuser tout d'abord, au prix de grandes dépenses et parfois de difficultés très sérieuses, des puits de plusieurs centaines de mètres de profondeur, il aurait mauvaise grâce à se plaindre ; car cet obstacle, interposé entre lui et l'objet de ses convoitises, est la rançon à la faveur duquel le précieux combustible a pu échapper à la destruction.

De même, quand l'exploitation place le mineur en face de dislocations, qui interrompent brusquement les veines, et obligent à s'ingénier pour les retrouver par de laborieux tâtonnements, qu'il ne s'indigne pas! car ces accidents sont la conséquence nécessaire des efforts qui ont replié le terrain sur lui-même en assurant sa conservation. D'ailleurs ces circonstances doivent être regardées comme doublement providentielles, car il serait permis d'y voir aussi une précaution prise contre les excès de la cupidité humaine. En effet, à en juger par la fureur avec laquelle la spéculation se précipite sur les gisements nouveaux, dont souvent elle ne craint pas de sacrifier entièrement une partie pour tirer un plus rapide profit de l'autre, on peut conjecturer que, si les terrains à charbon avaient été trop faciles à atteindre, c'est par d'effroyables gaspillages que l'exploitation aurait débuté.

Peut-être objectera-t-on que le dessein providentiel est moins évident qu'il ne nous apparaît ici; que l'époque houillère n'a pas possédé le monopole exclusif de la formation des charbons de terre; que de tout temps il y a eu des estuaires et des deltas, où s'accumulaient des matières végétales; témoin ces gisements de l'Australie, de l'Inde, de l'Afrique australe, des Montagnes Rocheuses, du Brésil, voire des environs de Marseille, dont plusieurs constituent pour l'industrie des ressources qui sont loin d'être négligeables, et dont la formation n'a pas été accompagnée du cortège de circonstances remarquables que nous nous sommes plu à mettre en lumière.

Mais, outre que cette persévérance dans la mise en réserve du pouvoir combustible des végétaux ne ferait qu'accentuer la prévoyance souveraine dont nous bénéficions aujourd'hui, cela n'enlève rien au caractère absolument exceptionnel qui distingue la genèse des grands dépôts de l'époque houillère.

Vraiment ce n'est que justice de dire que cette époque a été unique en son genre. Non seulement la végétation, alors dans toute sa fraîcheur et se développant dans une atmosphère faite à son usage, qu'elle allait rapidement purifier en modifiant sa composition, possédait une puissance et une richesse en éléments gras que la flore terrestre n'a jamais retrouvée, et qui contrastait avec l'absence de tout animal prêt à en profiter. Non seulement l'uniformité de la température, durant toute l'année, imprimait à cette végétation une vigueur extraordinaire, ce qui fait que jamais la puissance calorifique du soleil n'a eu de meilleure occasion de se dépenser. Mais ce qui est le plus remarquable, c'est la coïncidence de semblables circonstances avec un phénomène de mobilité de l'écorce terrestre, qui a permis l'enfouissement, maintes fois répété, des matières auxquelles l'activité des micro-organismes, elle aussi favorisée par le climat, avait fait subir la macération qui devait en faire de la houille ; c'est enfin, survenant juste à point, cette poussée hercynienne, un des faits les plus remarquables des temps géologiques, qui a garanti pour tant de siècles la conservation de richesses si merveilleusement amoncelées. Que tout cela puisse être l'effet d'un hasard aveugle, c'est ce que nous nous refusons à admettre. La série de ces événements forme une trame trop bien ourdie, pour que ceux qui en recueillent aujourd'hui le profit hésitent à reconnaître la main par laquelle tout a été conduit.

.*.

Un dessein non moins explicite nous semble apparaître dans la série des événements qui ont immédiatement précédé l'apparition de l'homme sur le globe.

Pendant toute la durée de ce qu'on appelle les temps secondaires, l'Europe, et avec elle l'Asie occidentale, ainsi que la partie de l'Afrique située au nord de l'équateur, avaient formé un archipel, soumis à de fréquentes vicissitudes, tantôt accroissant, tantôt diminuant l'étendue des îles auxquelles se réduisait la terre ferme, et que les reptiles habitaient presque seuls, avec les premiers oiseaux marcheurs. Seulement vers le milieu de l'ère tertiaire, une importante émersion se produisit, ne laissant plus subsister, en dehors de la Méditerranée actuelle, que quelques golfes profonds. Mais ces vicissitudes n'avaient été accompagnées de mouvements orogéniques que dans la région des Pyrénées, et, sous l'empire d'une érosion longtemps poursuivie, l'Europe, vers la fin des temps tertiaires, ne devait plus offrir qu'un relief général insignifiant, impropre à la constitution et à l'alimentation régulière de grandes artères fluviales.

Sans doute, à cette époque, la remarquable extension que la mer gardait en Afrique pouvait donner à nos contrées une humidité plus grande, favorisant une riche végétation, activée d'un autre côté par un climat qui permettait à des types subtropicaux de prospérer jusqu'au centre de l'Europe. Mais si ces circonstances étaient propices au développement d'immenses troupeaux d'herbivores, il n'y avait rien là qui pût préparer l'Europe à devenir le champ privilégié de l'activité humaine.

Les choses changèrent avec la fin de l'ère tertiaire. Un sillon maritime continu s'était formé depuis quelque temps, sur l'emplacement des Alpes actuelles, depuis Nice jusqu'au delà de Vienne, et ce sillon achevait de se remplir d'épaisses masses de sédiments. A ce moment, une énergique poussée venant du sud, et ressuscitant les circonstances du soulèvement hercynien, fit subir aux couches des dislocations extraordinaires, les reployant et les poussant les unes sur les autres de la façon la plus compliquée, pour relever ensuite le terrain en masse jusqu'à plusieurs milliers de mètres de hauteur.

Immédiatement les eaux courantes, ruisselant sur ces pentes de nouvelle formation, et appelées par le niveau de base méditerranéen, y découpèrent un réseau de vallées profondes, et bientôt les neiges des sommets, trouvant à s'emmagasiner dans les gorges où se concentraient les avalanches, y engendrèrent de grands glaciers. Ainsi se préparaient les splendides paysages qui, de cet ancien bras de mer, allaient faire le pays le plus pittoresque du monde, en même temps que le régulateur de la température et de la circulation des eaux en Europe.

Concurremment avec ce phénomène orogénique, ce qu'il subsistait encore de l'ancien continent atlantique du nord achevait de se disloquer; et cette dislocation modifiait du tout au tout le régimes des courants marins, amenant sur l'Europe des masses d'air chargées d'une humidité bien propre à entretenir et à développer les glaciers déjà formés.

Ainsi une notable partie de l'Europe disparut sous d'immenses névés, dont les émissaires glacés parvenaient, les uns à franchir le Jura, les autres à s'avancer jusqu'à Lyon, tandis que, de la Scandinavie, se détachaient, semblables aux champs de neige du Groenland, de vraies calottes glaciaires, qui disséminaient jusqu'en Lusace les débris arrachés au sol de la Suède et de la Finlande. Sous l'action de ces puissants outils, les parois et le fond des vallées étaient impitoyablement labourés et, quand les glaces se retirèrent, le chemin qu'elles avaient suivi se trouva jonché de dépôts essentiellement meubles, qu'une suffisante exposition à l'air allait transformer en excellentes terres de culture. D'autre part, les glaciers, rentrés dans leurs limites actuelles, assureraient la permanence de grandes rivières, destinées à vivifier l'Europe, telles que le Rhin, le Danube, le Pô, le Rhône. Du même coup, en Suisse, au débouché des anciens glaciers, se constituaient des lacs importants, dont les bords offriraient aux populations primitives des conditions spéciales de fécondité et de sécurité, en attendant que les hautes vallées fussent purgées des animaux sauvages qui en rendaient le séjour dangereux.

Pendant ce temps, sur les régions qui avaient échappé à l'invasion des glaces, comme la Belgique et le nord de la France, l'excès de l'humidité provoquait un ruissellement abondant, dont l'effet était de déposer sur les plaines, par la dispersion progressive des dépôts des collines, un limon fertile, tout prêt à faire fructifier le travail du laboureur.

Avant la formation de la chaîne des Alpes, la mer avait occupé dans la Méditerranée des surfaces considérables. Dans le mouvement qui dressait les cimes alpines au milieu des airs, presque tous ces anciens fonds de mer s'étaient trouvés entraînés et, à un certain moment, il ne restait plus guère de la Méditerranée tertiaire, au moins dans sa partie centrale et orientale, que des lagunes d'eau saumâtre.

Mais pendant que les glaciers achevaient leur œuvre, des tassements, survenus dans ces territoires méridionaux, dont sans doute le soulèvement avait dépassé la mesure, y firent naître par écroulement des fosses profondes, rapidement envahies par la mer occidentale, demeurée en communication avec l'Atlantique. Ainsi se constituèrent tour à tour la fosse des Baléares, la fosse tyrrhénienne, la fosse adriatique, puis celle de la Sicile. Un dernier effondrement, morcelant en îlots le territoire des Cyclades, naguère encore couvert de lacs d'eau douce, finit par créer la Mer Egée ; et, comme épisode final, l'approfondissement d'un ancien lit fluvial, devenant l'Hellespont, permit à la mer d'envahir la cuvette de la Mer Noire, en y causant la disparition immédiate de la faune caspique qui avait occupé cette dépression.

A la faveur de ces divers écroulements, dont les derniers effets continuent à se faire sentir, sous forme de tremblements de terre trop fréquemment désastreux, dans les régions helléniques, les pays méditerranéens ont fini par se trouver découpés en péninsules étroites et capricieuses, aux contours accidentés de mille dentelures, qui rendaient extraordinairement faciles les communications le long des rivages. C'était bien là, sous ce beau ciel, dans cette lumière merveilleuse, à la faveur d'un climat enviable, que devait se développer la civilisation phénicienne, bientôt suivie par la civilisation grecque. Toutes deux étaient d'ailleurs destinées à envahir, de proche en proche, les pays du nord, aux conditions de vie plus âpres, mais dotés, par une disposition providentielle, de richesses souterraines, qui, une fois vaincues les difficultés de communication, assureraient un jour leur incontestable prééminence.

Ne peut-on pas voir aussi un effet de la prédestination de l'Europe, dans la formation tardive de ce courant du Gulf-Stream, qui, depuis l'écroulement de l'Atlantique nord et le refroidissement définitif des régions polaires, apporte à nos latitudes tempérées, sous forme de torrents d'eau attiédie, le fruit de l'énergie dépensée par la chaleur solaire dans la chaudière des Antilles? Quelle curieuse coïncidence que celle qui veut qu'au moment même où ce courant va perdre toute vitesse, il trouve un secours inattendu, d'où il reçoit une nouvelle impulsion ! En effet, il est *relayé*, comme on l'a si bien dit, par un régime de vents de sud-ouest, qu'un centre de pression barométrique fait naître juste en ce point. De sorte que, peu à peu, sous l'influence de ces vents, des eaux, sensiblement plus chaudes que la latitude ne devrait le permettre, sont poussées vers le nord, jusqu'à ce qu'une barrière sous-marine tout à fait opportune empêche la plus grande partie de leur masse de dépasser l'Islande, et la contraigne à s'accumuler en profondeur. Alors, grâce à ce réservoir de chaleur, le Cap Nord va jouir de la même température que la côte du Labrador, pendant que la région de Naples, quoique située sous la même latitude que New-York, appartient déjà à ces zones privilégiées où il fait vraiment bon de vivre en plein air.

.˙.

L'exposé que nous venons de faire pourrait donner à penser que l'Europe est seule à se prévaloir des faveurs providentielles, et qu'aucun dessein du même genre n'apparaît dans d'autres pays. Il n'en est rien, et le Nouveau-Monde peut revendiquer sa part des dispositions prises en vue de l'avènement du roi de la Création. Non seulement d'immenses réserves de charbon s'y trouvaient accumulées, qui un jour, quand nos ressources à nous approcheraient de l'épuisement, déplaceraient au profit de l'Amérique l'axe de la civilisation matérielle ; mais sur ce continent s'accomplissait, presque à l'heure même où se dressaient nos Alpes, un évènement particulièrement suggestif.

Contre la côte du Pacifique, d'importantes lignes de relief venaient de surgir, et, dans leurs crevasses, des émanations thermales, en rapport avec l'activité volcanique californienne, avaient fait naître d'innombrables veines de quartz aurifère. Peu de temps après, durant une période particulièrement humide, dont les derniers témoins subsistent dans les lacs du Far-West, restes insignifiants de grandes nappes d'eau, dont les géologues ont appris à reconstituer les anciens contours, un ruissellement abondant donna naissance à de nombreux torrents. Ceux-ci dégradèrent les pentes de la Sierra-Nevada, faisant généreusement l'office de mineurs et de pilons, et entraînant, dans les dépressions qui subsistent au pied des chaînes, les matériaux de la dégradation des veines métallifères. Ainsi ont pris naissance, enrichis par cette préparation mécanique naturelle, les fameux *placers* où les colons devaient un jour récolter tant de pépites d'or, au prix d'un travail incomparablement moindre que s'il eût fallu les arracher à leurs filons d'origine. Tandis que ces trouvailles enrichissaient le monde, juste à l'heure où la civilisation allait réclamer un mouvement exceptionnel de capitaux, la prospérité introduite dans le pays des placers, par le succès des exploitations minières, permettrait de réaliser la mise en culture de territoires favorisés par un climat propice, mais trop sec, où les conditions naturelles du pays n'auraient jamais suffi à elles seules pour appeler l'activité des pionniers.

Partout donc il semble que des dispositions spéciales soient intervenues à la veille des temps où allait paraître, sur la scène du globe, l'être destiné à en devenir le souverain.

A ceux qui nous accuseraient d'avoir tracé un

tableau trop complaisant de ces préparatifs, nous dirions que nous n'avons rien énoncé dans cet exposé, qui ne soit conforme à l'observation. Il reste donc à choisir, pour expliquer d'aussi remarquables enchaînements, entre le hasard et l'intention providentielle. Pour nous, héritiers privilégiés de cette suite de dispositions, et pénétrés du désir d'exprimer notre reconnaissance à quelqu'un qui puisse l'accueillir, on trouvera sans doute naturel que le hasard ne nous suffise pas.

CHAPITRE SIXIÈME

L'ÉVOLUTION DES DOCTRINES SCIENTIFIQUES

§ 1. — *Considérations générales.— Les sciences exactes.*

Dans les pages précédentes, on s'est efforcé de mettre en lumière les grandes idées qui se dégagent naturellement de l'investigation scientifique, lorsqu'on ne s'interdit pas de dépasser la portée pratique des résultats obtenus. Mais ces idées générales, on ne le sait que trop, rencontrent souvent des esprits absolument rebelles, pour qui une telle recherche est vaine, et trahit seulement l'influence de préjugés ataviques, qu'une éducation vicieuse des intelligences se serait appliquée à perpétuer.

Si cette méconnaissance systématique de tout ce qui n'est pas immédiatement tangible doit s'appliquer à l'ensemble des objets susceptibles d'occuper l'esprit humain, nous n'avons rien à dire, sinon pour plaindre sincèrement ceux qui se plairaient ainsi à éteindre tout flambeau capable d'éclairer leur route. Mais à côté de ces agnostiques, toujours empressés à élargir le cercle de l'inconnaissable, il y a ceux qui, pour ruiner le crédit de nos croyances, prétendent s'appuyer sur la science, en la représentant comme le seul domaine où l'affirmation soit permise. A ceux-là, nous avons le droit de demander qu'ils apportent la justification de cette confiance, en nous prouvant par des faits que la science est vraiment le terrain des certitudes, qu'elle est en état de fournir la clef de tous les mystères, qu'elle a le don d'atteindre l'essence même des choses, et qu'ainsi on peut vraiment se reposer sur elle du soin de contenter toutes les aspirations de notre nature.

Pour se défaire d'une telle illusion, il suffira de passer en revue l'évolution progressive et de préciser l'état présent des diverses branches de la connaissance scientifique. A coup sûr, au cours de cette recherche, les motifs de légitime admiration ne manqueront pas. On devra même se sentir pénétré de respect à la vue de tant d'efforts dépensés, de tant d'éclairs de génie qui ont brillé par intervalles, illuminant des voies nouvelles où de laborieux chercheurs se sont engagés avec profit, enfin de tant de précieux résultats, définitivement acquis, pour la poursuite fructueuse de tous les objets qui importent à la civilisation matérielle.

Mais, à côté de cela, quelles vicissitudes dans les théories ! Quelle complaisance, parfois inexplicable, envers des insuffisances et même des contradictions qui auraient dû choquer du premier coup ! Quelle impuissance à donner des formules définitives, ou à saisir une réalité qui semble fuir en se compliquant, à mesure qu'on croit la serrer de plus près ! quels démentis constamment infligés à ceux qui s'étaient flattés d'avoir construit des édifices à toute épreuve ! A nulle époque, ce malaise philosophique n'a été plus prononcé que de nos jours. Jamais l'impartial examen de l'état des sciences n'aura fait ressortir une plus éclatante leçon, de scepticisme pour les uns, de prudence ou mieux de modestie pour les autres.

.˙.

L'un des signes les plus manifestes de cet état de choses nous est fourni par la crise que transversent les sciences mathématiques, et dont nous avons eu déjà l'occasion de parler. On pourrait dire que, depuis quelques années, il se produit une levée de boucliers contre les anciennes doctrines, comme si l'esprit humain voulait se dédommager de s'être trop longtemps incliné sans discussion devant un édifice qu'on lui présentait comme intangible.

Non seulement on n'a pas craint de s'attaquer aux axiomes jusqu'alors acceptés de tout le monde ; mais on s'est aperçu que, dans les doctrines courantes, nombre de postulats se trouvaient dissimulés sans qu'on s'en fût avisé. De divers côtés, on s'est efforcé d'en faire le départ, et alors ont commencé, sur la nécessité ou sur la subordination de ces postulats, sur leur valeur intuitive, expérimentale ou purement conventionnelle, des disputes où les notions en apparence les plus claires ont été, les unes après les autres, remises en question et disséquées impitoyablement.

On a vu surgir, sans pouvoir leur refuser l'estampille logique, toutes sortes de géométries insoupçonnées ; et tandis que les uns, déroutés par ces aperçus nouveaux, les déclareraient volontiers chimériques, d'autres affirmeraient avec non moins de confiance que nous manquons de toute raison décisive pour dire si l'une quelconque de ces conceptions correspond mieux que les autres à une réalité, dont plus d'un, du reste, ferait assez volontiers bon marché.

Aujourd'hui on peut dire que les notions de grandeur, de quantité, de nombre, de direction, de distance, ont passé par de telles vicissitudes, que seuls quelques esprits éminents demeurent capables de s'en former une idée nette. Pour tous les autres, le terme de ces discussions, où les querelles de mots peuvent surgir à tout moment, où le relatif et l'absolu s'entrechoquent sans cesse, ce terme, disons-nous, est le vertige certain; à moins que, se résignant à ne plus fréquenter des parages aussi dangereux, on se cantonne délibérément dans les applications de chaque jour. Là, par contraste, on est assuré de voir éclater la puissance croissante d'instruments qui n'ont cessé de se perfectionner, alors que leur principe même pouvait sembler de plus en plus discutable. Car, sous ce rapport, le progrès continu est indéniable; et chaque jour met des armes nouvelles aux mains des géomètres et des analystes. Seulement, on peut difficilement prétendre que ce soient des armes parlantes, et il est plus sûr de s'initier au maniement de ces symboles que de vouloir définir les réalités auxquelles ils pourraient correspondre.

Nous avons déjà montré comment la même crise avait sévi, plus forte encore, sur la mécanique. On s'est enhardi jusqu'à y dénoncer des incohérences, à signaler le caractère rudimentaire, parfois même inexact, de quelques-unes de ses conceptions fondamentales. C'est un édifice à refaire entièrement ; et c'est à peine si on entrevoit les premières assises de ce qui doit remplacer l'ancienne construction, pour contenter le besoin de rigueur aujourd'hui ressenti avec une intensité qui risquerait plutôt de dépasser la mesure.

§ 2. — *L'astronomie et la physique.*

Si les sciences dites exactes en sont arrivées à cet état de crise ; si le doute a ainsi pénétré dans des régions d'où il semblait qu'il dût être exclu par définition, on ne sera pas surpris que des difficultés analogues aient surgi dans le domaine des sciences d'observation.

La moins atteinte a été l'astronomie, toujours protégée par la grandeur des masses et l'immensité des distances qu'elle considère. Cependant nous avons vu qu'il lui avait fallu renoncer au dogme de la stabilité indéfinie du système solaire. De plus, les conquêtes récentes, qu'elle a réussi à faire au delà de ce domaine, ont quelque peu changé l'aspect de l'Univers, en faisant prévaloir l'idée de changement, là où semblait dominer autrefois celle d'invariabilité.

En effet, la science des espaces célestes a subi de nos jours une transformation des plus intéressante. Longtemps on avait cru que son seul objectif devait être d'introduire plus de précision dans la détermination de la position des astres, et qu'elle y pouvait arriver de deux manières, d'abord en perfectionnant les méthodes mathématiques de la Mécanique céleste, ensuite en recourant pour l'observation à des lunettes de plus en plus puissantes. Mais tandis que, par cette seconde voie, on arrivait surtout à mettre en question la fixité des éléments qui, jusqu'alors, avaient servi de points de départ pour toutes les mesures, et à perdre toute confiance dans la stabilité de la verticale comme dans celle du pôle, l'introduction de nouvelles méthodes expérimentales ouvrait à la science un champ tout à fait insoupçonné. Tel a été le résultat produit par l'intervention de la photographie, qui nous a appris à reconnaître, plus sûrement qu'avec l'aide des lunettes, la variabilité de la carte du ciel. Mais le principal changement nous est venu par le spectroscope.

On n'avait vu d'abord dans cet instrument qu'un merveilleux outil d'analyse à distance, propre à déceler la composition des astres d'après les raies qui brillent dans leur spectre. Voici que, grâce à une remarquable interprétation, par la méthode Doppler-Fizeau, des déplacements périodiques auxquelles certaines raies se montrent sujettes, le spectroscope a fourni le moyen de dédoubler un grand nombre d'étoiles. Bien que celles-ci restent simples aux plus forts télescopes, on a pu acquérir la certitude qu'elles se composaient en réalité de deux astres tournant l'un autour de l'autre. Loin que ce soit une exception, il est avéré aujourd'hui que les deux tiers des étoiles sont engagées dans des combinaisons binaires, et que les soleils simples, comme le nôtre, sont plus rares que les soleils groupés.

Les comètes, désormais inféodées à notre système solaire, dont on avait pu longtemps les croire indépendantes, ont laissé voir leur relation immédiate avec les étoiles filantes, qui résultent de leur capture par les planètes. Enfin quelques déceptions, éprouvées lors du retour d'essaims attendus de ces étoiles filantes, ont révélé combien était précaire la condition de ces comètes tombées en servitude, et destinées à éparpiller de plus en plus leurs éléments sur l'orbite filiforme qu'ils ont été contraints d'adopter.

En un mot, à la sereine fixité du monde sidéral d'autrefois, figé pour ainsi dire dans un cadre immuable, a succédé une variété pleine de mouvement, de vie et d'imprévu. L'astronomie physique peut s'y promettre une ample moisson de découvertes, mais à la condition de renoncer au rêve caressé par les contemporains de Laplace et de Poisson, celui d'avoir défini pour toujours les traits d'un tableau qui ne varierait plus.

Combien étrange, à la lumière de ces aperçus nouveaux, doit paraître la réflexion attribuée au grand mathématicien Lagrange! « Newton est bien heureux, aurait-il dit, d'avoir trouvé un monde à expliquer. Malheureusement, il n'y a qu'un ciel! »

Sans doute, il n'y a qu'un ciel; mais, on l'a dit justement (1) : « Il est assez vaste pour confondre toutes les ambitions. Les efforts tentés jusqu'ici pour en sonder les profondeurs n'ont abouti qu'à en reculer les frontières. Il n'y a pas à craindre que de ces abîmes cessent jamais de jaillir plus de problèmes que les astronomes, les géomètres et les physiciens de l'avenir ne pourront en résoudre. » C'est tout un ensemble de mondes, « jeunes et vieux, mourants ou à naître ». En dépit de l'énorme distance qui nous en sépare, on est parvenu à peser, en quelque sorte, bon nombre de ces mondes, et à s'assurer que chacun, par ses dimensions comme par sa masse, semble taillé à la mesure de notre système solaire, comme si ce dernier représentait l'unité fondamentale, ce qu'on pourrait appeler la *molécule sidérale.* Mais combien de surprises nous sont encore réservées, et que nous sommes encore loin du

---

(1) Thirion, *Revue des questions scientifiques*, 4ᵉ série, vii, p. 410 (1605).

moment où l'astronomie pourra croire son œuvre achevée !

∴

Nombreuses ont été, de nos jours, les fluctuations des doctrines de la physique. Le plus remarquable exemple en est offert par la théorie de la lumière.

On sait que, pour Newton, les corps lumineux émettaient des particules, véritables projectiles lancés avec une force extrême et qui, parcourant l'espace dans tous les sens, subissaient, en changeant de milieu, des modifications de vitesse et de direction, exprimées par les phénomènes de la réflexion et de la réfraction.

La doctrine de l'émission n'était d'ailleurs pas nouvelle. Les philosophes de l'antiquité, notamment Epicure et Lucrèce, en avaient admis le principe. Mais il était réservé à Newton d'en faire une véritable théorie, dont il donna la formule en 1704. Cependant, une quinzaine d'années auparavant, Huyghens avait été amené à soupçonner, dans les phénomènes lumineux, le résultat d'*ondulations*, propagées avec une énorme vitesse au sein d'un milieu élastique universel, non pesant ou de densité négligeable. C'est pour n'avoir pu réussir à expliquer, dans ce système, le phénomène bien connu des *anneaux colorés*, que Newton s'était déclaré pour la théorie de l'émission.

Seulement, en 1802, la difficulté qui avait arrêté le grand philosophe anglais se trouva résolue du coup, lorsque Young eut découvert les *interférences*, en vertu desquelles, par la plus inattendue des rencontres, deux ébranlements lumineux peuvent se contrarier de telle sorte qu'il en résulte de l'obscurité. Bientôt apparut Fresnel, qui, de 1815 à 1827, établit par une série d'études mémorables la supériorité de la théorie des ondulations. A chaque instant, son génie savait déduire de l'hypothèse des conséquences insoupçonnées, d'apparence parfois invraisemblable ou même paradoxale, et que pourtant l'expérience s'empressait de confirmer d'une manière éclatante. Alors les tenants de l'ancienne théorie s'évertuaient à justifier les faits nouveaux par une suite constamment accrue d'hypothèses complémentaires, dont chacune venait compliquer l'échafaudage qu'elle cherchait à sauver. Témoins de ces efforts, les esprits indépendants devenaient bien vite unanimes à s'incliner devant une conception simple et majestueuse, qui non seulement expliquait, mais prévoyait tout, sans qu'il fût jamais besoin de la torturer.

Ce fut mieux encore, quand, vingt-cinq ans

après la mort de Fresnel, Foucault, mettant à exécution une pensée d'Arago, parvint à réaliser une expérience qu'on regardait alors comme un *experimentum crucis*, bien qu'en fait elle n'offrît pas ce caractère. La théorie de Newton exigeait que la lumière se propageât plus rapidement dans l'eau que dans l'air. Apprécier la différence qui peut exister, quand il s'agit de vitesses atteignant 300.000 kilomètres par seconde, semblait un tour de force inexécutable. L'habileté de Foucault en vint à bout, et le résultat donna tort à l'émission.

Depuis ce jour, et pendant un demi-siècle, personne ne douta plus que la théorie des ondulations de l'éther ne dût être considérée comme l'exacte représentation des faits. Poisson d'abord, et Biot ensuite, s'étaient exposés à plus d'un sarcasme pour l'acharnement avec lequel ils avaient défendu pied à pied la doctrine de l'émission. Y persister après l'expérience de 1850 eût semblé le comble de l'aberration ou du parti pris.

Mais voici que le grand physicien anglais Maxwell, un intuitif par excellence et, par surcroît un mathématicien de grande allure, découvre l'identité de la lumière avec l'électro-magnétisme. Ce sont les mêmes lois ; c'est la même vitesse de propagation, c'est le même instrument de transmission.

Une onde lumineuse ne doit plus être qu'une

suite de courants alternatifs, qui changent de sens un nombre immense de fois par seconde. Si, pendant quelque temps, cette conception demeure à l'état théorique, un jour vient, en 1888, où Hertz réalise la production expérimentale de ce genre d'ondes, destinées à garder son nom sous la désignation d'*ondes hertziennes*.

A la vérité, celles qu'il réussit à produire, même avec les perfectionnements réalisés par ses continuateurs, n'atteignent pas encore la rapidité des vibrations lumineuses. Qu'on en juge ! Elles ne correspondent encore qu'à *cinquante milliards d'oscillations par seconde*, et il en faudrait *dix mille fois plus* pour impressionner notre rétine comme fait la couleur orangée du spectre ! Mais, outre que cette réalisation expérimentale apporte une confirmation précieuse en faveur de ces nombres extraordinaires, où l'on aurait pu être tenté de soupçonner de complaisantes inventions de l'esprit, ce qu'il y a de remarquable, c'est que ces ondes artificielles peuvent être soumises au contrôle de l'expérience, qui les montre capables de se réfléchir, de se réfracter, d'être diffractées, d'interférer, enfin de se polariser, tout comme font les vibrations lumineuses. L'identité générique des deux ordres de phénomènes est donc bien telle que l'avait deviné le génie du grand physicien de Cambridge.

Toutefois, la nouvelle conception implique encore la notion des mouvements de l'éther impondérable ; mais l'assimilation de la lumière avec l'électricité va nous engager à faire un pas de plus.

Ce pas sera franchi lorsque MM. Lorentz et Thomson auront montré que l'électricité *adhère à la matière pondérable*, étant due à de petites masses matérielles très ténues, baptisées des noms d'*ions* ou *électrons*. Il ne s'agit pas là d'êtres de raison, créés de toutes pièces par la théorie, comme étaient les molécules de l'insaisissable éther ; car l'étude spectroscopique de l'arc voltaïque, combinée avec l'observation de l'usure des électrodes, révèle un transport effectif de matière aux dépens de ceux-ci. De plus, M. Lorentz avait avancé que les mouvements des ions devaient être la cause des courants électriques. Rowland, par une expérience célèbre, dont la vérification contradictoire a fait sensation il y a deux ou trois ans, a confirmé cette conséquence. En même temps d'ingénieux physiciens montraient que ces corpuscules, qui ne sont que des millièmes d'atomes et peuvent être dits impondérables uniquement parce que leur poids est négligeable, non seulement laissent mesurer sans peine la charge électrique qu'ils portent, mais, par un curieux privilège, se montrent plus accessibles à une observation presque directe que les atomes d'où ils dérivent. En effet les ions, pareils aux poussières en suspension dans les gaz, provoquent immédiatement la condensation d'un jet de vapeur ; de sorte que les gouttelettes condensées serviront de mesure au nombre des individus ultra-microscopiques qui déterminent cet état *granulaire* du milieu gazeux électrisé.

Comment d'ailleurs ne pas rapprocher cette émission de celle des rayons *cathodiques*, découverts par Crookes, qui les considérait comme un bombardement effectué, sous l'influence de l'étincelle, par les particules d'un gaz raréfié, et leur attribuait un genre d'électricité que l'expérience a pleinement ratifié ?

Voilà donc l'émission ressuscitée ! sous une autre forme, il est vrai, et avec l'obligation, désormais imposée aux théoriciens, de concilier cette notion avec celle de l'oscillation périodique qui avait échappé à Newton, et dont la réalité n'est pas contestable. Comment se fera cette conciliation ? C'est le secret de l'avenir et ce sera une nouvelle modification de l'*image* par laquelle nous aimions à nous représenter le mécanisme des phénomènes lumineux.

Cette évolution, qui semble déconcertante, en ce qu'elle découronne définitivement de son prestige une théorie jusqu'alors en possession d'un consentement universel, est-elle vraiment faite pour nous étonner à ce point? Nous oserons dire que non. Même, si l'on ne tenait pas compte de l'impression que devaient légitimement produire les géniales conceptions de Fresnel, ainsi que le remarquable accord de l'expérience avec ses prévisions, on s'expliquerait mal que la conception de l'éther impondérable ait été auss facilement acceptée. Car il n'y a pas à le dissimuler : la notion courante de ce fluide impliquait une contradiction.

En effet, le fond de la théorie de l'éther est celui-ci : c'est un milieu dans lequel la liaison des diverses particules est si étroite qu'on ne peut pas en déplacer une sans faire naître immédiatement, par suite de la résistance des autres, des *forces élastiques* qui transmettent le mouvement dans tous les sens. Cependant l'éther est à coup sûr un *fluide*, tellement fluide qu'aucune sensation ne peut nous en révéler l'existence. Sous ce rapport, il dépasse le plus parfait de tous les gaz, et on sait qu'il subsiste inaltéré dans le vide le plus accompli qu'on puisse produire. Mais les gaz sont justement caractérisés par ce fait, que leurs molécules sont *sans liaison les unes avec les autres*. Comment donc un milieu, plus fluide que le gaz le plus parfait, pourrait-il posséder la propriété de l'*élasticité* à un degré supérieur à celui du solide le mieux doué de cohésion?

D'autre part, si, comme on l'admet, les vibrations de l'éther sont perpendiculaires aux rayons lumineux, comment ne restent-elles pas dans leur plan et par quel moyen se propagent-elles à droite et à gauche? Cette objection avait été prévue par M. Marx, qui regardait les vibrations comme *hélicoïdales*, le pas de l'hélice étant d'ailleurs extrêmement petit. Mais c'est tout un changement à opérer dans la théorie usuelle et, en attendant, il est permis de dire qu'on s'était montré d'une rare complaisance à l'égard des contradictions dont elle n'avait pas su se défaire.

Donc, aujourd'hui, avec les ions, les corpuscules cathodiques et surtout les corps radioactifs, le principe de l'émission redevient triomphant. Cependant, chose remarquable, cette résurrection ne porte que sur le principe. Elle n'empêche pas les anciennes formules de s'appliquer comme auparavant. C'est pour avoir nettement aperçu le phénomène vibratoire extraordinairement rapide qui caractérise la lumière, que Fresnel avait assuré la victoire de la doctrine des ondulations; et c'est pour cela que ses formules continueront à bien rendre compte des faits optiques. Ces formules, au fond, ne spécifient rien sur l'essence du milieu vibrant. Elles sont adaptées à la répétition périodique d'un même genre de mouvements. Or, dans tous les phénomènes assujettis à une période, qu'il s'agisse de corps vibrants, d'oscillations pendulaires ou de révolutions sidérales, il y a quelque chose qui leur est commun à tous. Si ce quelque chose est bien exprimé, la formule gardera sa valeur pratique. Seulement, au lieu de correspondre à l'état vibratoire d'un milieu élastique impondérable, peut-être la période devra-t-elle être attribuée au mouvement hélicoïdal d'un corpuscule... à moins qu'on ne se résigne à ne rien expliquer, se bornant à utiliser un outil dont on ignore le mécanisme. De même, un chauffeur bien dressé saura manier avec adresse un moteur enfermé dans une boîte, et dont tous les détails lui demeurent inconnus.

Quoi qu'il en soit, après l'exemple tout récent de l'évolution des doctrines sur la lumière, le moment serait mal choisi pour vanter outre mesure le droit de la science aux affirmations indiscutables, ou sa faculté de pénétrer jusqu'à l'essence des choses.

§ 3. — *Les doctrines de la Chimie.*

Après avoir longtemps régné sans contestation dans la science, la théorie chimique basée sur la considération des atomes et des molécules a fini par voir se dresser contre elle toute une école de contradicteurs acharnés. Sans doute, il il y faut voir une réaction contre l'excès de précision que plusieurs avaient tenté d'introduire dans la représentation de la structure des corps.

Au début, les chimistes s'étaient contentés de formules *linéaires*, où les symboles des composants figuraient les uns à la suite des autres, chacun d'eux avec un chiffre qui marquait sa proportion dans le mélange. Ainsi SO^2 pour l'anhydride sulfureux, parce qu'un atome de soufre y était uni à deux atomes d'oxygène, etc. Plus tard, les réactions de la chimie organique ayant mis en évidence une symétrie réelle, par suite de laquelle certains éléments pouvaient être substitués à un certain nombre d'autres, l'usage s'introduisit de disposer les symboles des atomes élémentaires en figures polygonales, telles que le célèbre *hexagone de la benzine*, dont les sommets, pouvant être occupés par des groupes différents, spécifiaient le genre de fonctions de ces assemblages élémentaires dans le composé.

Enfin le jour vint où l'on fut conduit à imaginer une disposition en polyèdres, tels, par exemple, que le plus simple de tous les polyèdres géométriques, la pyramide à quatre faces triangulaires connue sous le nom de *tétraèdre* ; chaque sommet pouvant porter un atome ou un groupe d'atomes, capables de différer d'un sommet à l'autre. Ce fut le point de départ de ce qu'on a appelé la *stéréochimie*, et il est indéniable que cette manière de représenter les choses a été extrêmement féconde ; car elle a provoqué et provoque encore tous les jours des découvertes aussi nombreuses qu'importantes.

Toutefois, ce progrès n'aurait dû lui-même être envisagé que comme un schéma encore assez grossier de la réalité. Or les cris de triomphe un peu bruyants qui furent poussés à cette occasion ont permis à quelques critiques de faire remarquer, non sans malice, comme quoi les chimistes avaient mis bien du temps à s'apercevoir que les particules de la matière devaient avoir trois dimensions ; choses dont les cristallographes de de l'Ecole française n'avaient, pour leur compte, jamais douté.

Mais pour qui ne songe pas à contester la réalité des molécules, c'est-à-dire des particules identiques dont un corps homogène se compose, il n'est guère discutable aujourd'hui que la notion de molécule chimique ne saurait comporter le caractère de simplicité qu'on lui avait tout d'abord attribué. Que, dans la molécule de l'anhydride sulfureux, la part en poids atomique du soufre et celle de l'oxygène soient entre elles dans le rapport de 1 à 2, on le nie pas ; mais qu'il se trouve, dans cette molécule, seulement un atome de soufre et deux d'oxygène, c'est une autre affaire.

On connaît des corps simples, tels que le soufre, qui, à l'état gazeux, ont une densité variable, croissante quand la température s'abaisse; circonstance qui n'admet qu'une explication : à savoir que, pour passer de l'état de vapeur très chaude à celui de soufre voisin de la condition liquide, la particule gazeuse doit subir des condensations successives, par agglutination d'un nombre croissant d'atomes.

Il doit en être de même pour les autres corps; et surtout, quand il s'agit de solides, il est à croire que la vraie particule élémentaire est déjà un agrégat assez complexe, qui doit se trouver en possession d'une architecture propre ; architecture que, sans nul doute, les conceptions primitives de la chimie définissaient d'une façon trop sommaire.

De la même manière, quand les continuateurs d'Hauy eurent découvert que les particules de la matière cristallisée se disposaient en quinconces, il parut tout naturel d'admettre que ces particules n'étaient autres que les molécules chimiques, dans l'état de simplicité que faisaient ressortir les formules atomiques. Il fallut du temps pour être amené à penser que les individus cristallins devaient être beaucoup plus complexes, et que cette complexité même renfermait sans doute le secret de leur arrangement ; car le choix invariable, fait par un corps qui cristallise, d'un système de symétrie déterminé, n'est explicable que par les exigences de sa particule ; et celle-ci ne peut être exigeante qu'à la condition de posséder une structure spécialisée, c'est-à-dire à la condition d'être elle-même un édifice composé d'un assez grand nombre d'éléments.

Pendant que cette transformation s'opérait peu à peu dans la façon de concevoir le groupement des atomes, l'instabilité des symboles et celle des images représentatives finissaient par irriter ceux qui, par la tournure de leur esprit, se sentent portés de préférence vers des abstractions mieux garanties contre de telles vicissitudes. On leur décrivait peut-être aussi avec trop de précision, dans la théorie cinétique des gaz, le parcours accompli par les molécules, bombardant les parois de leur récipient avec la vitesse d'un boulet de canon, et se heurtant par moments pour s'éloigner ensuite en changeant de direction. Quelques obscurités, que les phénomènes de dissociation laissaient encore peser sur cette conception de l'état gazeux, servirent de prétextes à plusieurs savants pour repousser comme inconnaissable la notion des molécules et pour se refuser à appliquer, dans la solution des problèmes de la chimie, d'autres règles que celles de la thermodynamique, en particulier le principe de la moindre action et celui de la conservation de l'énergie. Dès lors, il y eut entre les chimistes des conflits qui durent encore, et qui mirent aux prises le camp des atomistes avec ceux des thermochimistes, d'une part, des thermodynamistes de l'autre.

Peut-être l'intervention souveraine de la règle de la conservation de l'énergie n'est-elle pas plus justifiée que l'hypothèse moléculaire, si l'on songe qu'il n'est pas facile de fixer, sans aucune indécision, ce qu'il convient, dans chaque cas, de comprendre sous le nom d'énergie. En effet, il y a l'énergie de mouvement, puis les énergie thermique, chimique, électrique, magnétique, radiante, etc. Il y a celles qu'on voit et celles qu'on devine seulement, parce qu'elles ne sont pas susceptibles de mesure, bien que d'intuition on en puisse affirmer l'existence. De la sorte, comme l'a démontré avec une grande force M. Poincaré (1), il est bien des cas où le grand et fécond principe de la conservation de l'énergie ne pourrait loyalement recevoir d'autre expression que celle-ci : « Il y a dans tout phénomène quelque chose qui demeure constant » ; affirmation évidente par elle-

(1) *Op. cit.*, p. 153.

même, du moment qu'on admet que le monde est gouverné par des lois.

Est-ce vraiment une si belle conquête d'aboutir à une telle conclusion, et ne trouvera-t-on pas légitime que quelques-uns (parmi lesquels nous nous rangerons), préfèrent qu'on s'efforce de concevoir une image plus expressive, dût-elle être encore éloignée d'une réalité qu'ils se résignent d'ailleurs à ne jamais atteindre complètement ?

Les critiques que nous nous sommes permises, relativement à certains excès de l'opposition faite aux théories moléculaires, ne doivent pas nous empêcher de reconnaître les services éclatants rendus par l'introduction récente de l'Énergétique dans le domaine de la Chimie. On ne peut nier que cette introduction ne soit un des faits les plus saillants de l'évolution scientifique contemporaine. En même temps qu'elle permettait d'embrasser, dans une belle et large synthèse, nombre de faits jusqu'alors isolés, elle a eu le mérite de faire pénétrer le langage et la précision des mathématiques dans des matières qui semblaient destinées à leur demeurer rebelles. A cette transformation, qui a fait ressortir l'étroite union de la physique et de la chimie, se rattachent les noms de MM. Gibbs, Helmholtz, Van't Hoff, Van der Waals, Duhem, Le Chatelier, etc: et il serait injuste de n'y pas associer celui d'Henri Sainte-Claire-Deville, dont les travaux sur la dissociation ont réellement créé la chimie physique, en mettant en pleine lumière la notion de l'*équilibre chimique*; notion qui a pris une clarté nouvelle, le jour où on a appris à distinguer les *faux équilibres* de M. Duhem, c'est-à-dire ceux qui ne correspondent pas à des phénomènes reversibles, et où interviennent des résistances comparables aux frottements.

Cette nouvelle manière d'envisager les phénomènes chimiques a eu ce premier avantage, d'établir entre certaines grandeurs mesurables des relations nécessaires, que l'expérimentation, abandonnée à elle-même, aurait été sans doute bien longtemps à reconnaître. En outre, elle a fourni des procédés rationnels pour la classification des faits observés, et ce n'est pas la théorie seule qui en a bénéficié. Presque immédiatement, ces considérations ont porté la lumière dans des recherches de grande importance industrielle, telle que la définition des alliages métalliques, le traitement des minerais dans les hauts fourneaux, l'étude des mortiers et ciments, etc.

Seulement il faut le reconnaître : ces conquêtes indéniables n'éclairent nullement le mystère de la constitution des corps. Elles semblent même nous en éloigner de parti pris, comme s'il était oiseux d'agiter ces problèmes, les hypothèses proposées ne pouvant être que des images, sans aucun lien avec la réalité, mais commodes en tant qu'elles permettent l'emploi du langage mathématique.

C'est de cette manière que plusieurs des théories les plus importantes et les plus justement admirées de la science contemporaine semblent avoir perdu tout contact avec le monde sensible. Non seulement elles se résignent à cet éloignement, mais elles revendiquent hautement le droit de le pratiquer.

Ainsi M. Duhem (1) dénonce l'erreur « qui consiste à exiger que toutes les opérations faites par le mathématicien, au cours des déductions qui lient les postulats aux conclusions, aient un sens *physique* : à ne vouloir raisonner que sur des *opérations réalisables* ; à n'introduire que des grandeurs *accessibles à l'expérience* ». Selon le même savant, demander que toute grandeur introduite dans les calculs corresponde à une propriété mesurable, et que toute opération effectuée sur ce symbole puisse se traduire en langage concret, en exprimant un fait réel ou possible, c'est formuler une exigence abusive. Cette demande, « légitime lorsqu'il s'agit des formules finales auxquelles aboutit la théorie, n'a aucune raison

---

(1) *Revue de Philosophie*, 1905, p. 385.

d'être en ce qui concerne les formules et les opérations intermédiaires qui établissent le passage des postulats aux conclusions ». Enfin M. Duhem accentue sa pensée par la déclaration suivante :

« En exigeant que les opérations mathématiques par lesquelles les postulats produisent leurs conséquences aient toujours un sens physique, on impose au géomètre d'insupportables entraves qui paralysent toutes ses démarches ; il en arrive, avec quelques-uns, à redouter l'emploi du calcul différentiel ; en fait, s'il se piquait de satisfaire sans cesse et scrupuleusement à cette exigence, il ne pourrait presque plus développer aucun calcul ; dès ses premiers pas, la déduction théorique se trouverait arrêtée. »

A Dieu ne plaise que nous prétendions contester aux mathématiciens de la physique le droit à une liberté dont plusieurs d'entre eux, et notamment celui que nous venons de citer, ont fait un emploi si fécond, puisque d'ailleurs l'opportunité du contrôle expérimental continue à subsister pour les formules finales ! Ce que nous voulons seulement établir, c'est qu'en se maintenant à cette distance de la réalité, on accentue l'impuissance où serait une science, même très avancée, de nous renseigner sur l'essence des choses.

Après tout, c'est de la part de notre esprit une curiosité très légitime, d'aspirer à une connaissance de plus en plus précise de ce qui peut se cacher sous les premières apparences sensibles. La certitude de ne jamais atteindre l'absolu ne doit pas nous décourager de vouloir serrer de plus près la réalité. Quand on cherche à savoir ce que c'est que la chaleur, la lumière, l'électricité, la combinaison chimique, etc., c'est une maigre satisfaction d'entendre cette réponse, applicable à tous les cas : « Soit un système de six équations différentielles ! » Après quoi la craie, courant sur le tableau, le couvrira de signes cabalistiques, dont le résultat final devra seul justifier qu'il n'est pas contredit par l'expérience.

Cette méthode peut être une pénitence salutaire, infligée à ceux qui jongleraient trop audacieusement avec les images représentatives. En tout cas, si elle était fondée, elle équivaudrait à l'aveu le plus explicite de la réserve qui s'impose aux savants, même sur le domaine que nul ne leur conteste; et l'impossibilité où ils se trouveraient présentement de fournir aucune réponse catégorique à qui voudrait voir un peu clair dans les phénomènes naturels, accentuerait suffisamment l'erreur de ceux qui prétendent obtenir de la science seule la solution de problèmes d'une bien autre envergure.

§ 4. — *Les Sciences naturelles.*

Une enquête approfondie sur l'état actuel des sciences naturelles nous mènerait à des conclusions semblables. Bornons-nous ici à de brèves indications.

Dans le domaine de la Minéralogie, il n'est que juste de signaler le profond désaccord qui subsiste entre les diverses écoles, en ce qui concerne l'interprétation des faits de la cristallographie. Tandis que les minéralogistes français, en très grande majorité, se préoccupent d'établir le lien de cause à effet, qui doit à leurs yeux rattacher à la forme propre des particules le choix fait par chaque espèce d'un genre de symétrie, la plupart des écoles étrangères se refusent à cette recherche.

Pour elles, la symétrie serait un fait géométrique, intéressant à définir, mais dont il est oiseux de rechercher la cause. Les considérations si ingénieuses par lesquelles on a cherché à expliquer les groupements de cristaux leur font plus ou moins l'effet de rêves d'imagination; et ce n'est pas un des moindres sujets de réflexion, pour le philosophe, de voir, d'une part qu'il règne encore tant de divergences sur la structure des formes les plus simples que puisse revêtir la matière concrète, d'autre part que tant d'esprits acceptent si volontiers de renoncer à la connaissance des causes immédiates, pour se cantonner dans un simple enregistrement de faits.

.·.

En ce qui concerne les sciences biologiques, il convient de remarquer que, malgré les progrès accomplis, en vue de ramener les phénomènes vitaux à ceux de la physique et de la chimie, il semble bien qu'il y ait lieu de distinguer une énergie physiologique, qui ne se confond pas avec les autres. En outre, les connaisseurs impartiaux avouent que beaucoup des explications présentées sont purement verbales ou dépourvues de contrôle. « Peut-être, a écrit M. Picard (1), le dogme mécanique, que la vie, avec ses apparences si complexes, n'est rien autre qu'un problème physico-chimique, est-il aussi peu fondé que l'ancien vitalisme, du moins en tant qu'il s'agit de la physique et de la chimie, telle que nous la comprenons actuellement ; c'est ce que pensent aujourd'hui d'éminents physiologistes. Beaucoup de géomètres et de physiciens, qui trouvent tant de difficultés dans les notions mécaniques parais-

(1) Exposition de 1900, *Rapport sur les Sciences*.

sant les plus simples, souscriront sans peine à
ce doute. Quoi qu'il puisse advenir, méfions-nous
des schémas trop simplifiés par lesquels nous
voudrions représenter le monde ; s'ils rendent,
pendant un temps, de grands services à la science,
ils peuvent ensuite retarder ses progrès. »

Très frappante est la modification rapidement
survenue dans les idées courantes au sujet de la
filiation des types organiques. Il y a peu d'années, les doctrines darwinistes paraissaient en
pleine faveur. En ce moment, c'est à qui les désertera pour revenir à des conceptions voisines de
celles de Lamarck, et qui ne diffèrent guère que
par des nuances de l'ancienne notion des créations
successives ; en ce sens que nombre de modifications apparaissent avec une soudaineté qui exclut
la notion d'un *processus* général et nécessaire,
pour lui substituer l'intervention de causes actives.
Divers botanistes, notamment M. de Vries, ont
montré qu'il pouvait se produire, chez les végétaux, des variations brusques, engendrant d'un
seul coup des types nouveaux. Des espèces cultivées ont subitement produit, sans intermédiaires
ni préliminaires, des formes nouvelles qui sont
restées fixes. De même, si les progrès de la connaissance des végétaux fossiles plaident d'une façon
générale en faveur de l'évolution, du moins il
semble résulter des faits connus que les modifi-

cations se seraient opérées le plus souvent avec assez de rapidité pour qu'on ne puisse pas les saisir sur le fait. La paléontologie fourmille d'exemples de ce qu'on appelle des types *cryptogènes*, qui apparaissent brusquement, sans que, dans l'état actuel de nos connaissances, il soit possible de deviner leurs origines.

Presque tous les arbres phylogéniques donnés dans les traités de paléontologie sont à refaire. Là où on s'était plu à voir des rameaux divergeant rapidement d'une même souche, on reconnaît aujourd'hui des groupes presque parallèles, dont l'ancêtre commun, si tant est qu'il existe, doit remonter à une très haute antiquité. Jamais, à cet égard, l'affirmation catégorique n'a été moins permise que maintenant.

* * *

La Géologie étant une sorte de synthèse de toutes les connaissances scientifiques, dans leur application à l'histoire du globe terrestre, on ne sera pas surpris de la voir exposée plus que d'autres à de multiples remaniements de doctrine. Non seulement elle subit de toute nécessité le contre-coup des transformations infligées aux autres sciences dont elle fait usage, mais, par sa nature même, elle ne peut aspirer à des conclusions définitives que quand la surface entière du globe aura fourni des matériaux à l'enquête poursuivie. Or, il y a vingt ans, la superficie géologiquement connue ne représentait qu'une très minime fraction de l'étendue des terres, et les progrès accomplis depuis lors, si sérieux qu'ils soient, sont bien loin d'avoir comblé toutes les lacunes.

La science est pourtant sortie des hésitations de son berceau. Sur nombre de questions qui mettaient les théoriciens aux prises vers le début et même le milieu du xixe siècle, un accord définitif s'est établi. Mais des divergences sérieuses subsistent encore à l'égard de certains problèmes importants, et l'expérience des dernières années a été tout particulièrement suggestive, en montrant subitement, chez plusieurs d'entre eux, des aspects qui changent complètement la conception qu'on s'en était faite. Nous en passerons seulement quelques-uns en revue.

Il y a un ou deux ans encore, une des questions qui pouvaient sembler le mieux connues était celle de la composition de la flore houillère. L'importance que présentait l'étude des variations progressives de cette flore ne tenait pas seulement à ce qu'elle correspondait au premier épanouissement de la végétation continentale. Mais on avait reconnu de bonne heure quels précieux éléments cette étude détaillée pouvait fournir, pour permettre aux exploitants de suivre une même veine à travers les dislocations qui l'accidentent. Aussi les efforts des spécialistes s'étaient-ils dirigés avec prédilection de ce côté. Grâce à eux, le travail d'identification des veines disposait de règles de plus en plus précises, en même temps que la botanique fossile pénétrait chaque jour plus intimement dans la connaissance des végétaux dont la décomposition partielle avait engendré le charbon de terre.

Si une chose semblait caractériser par-dessus tout la flore houillère, c'était la prépondérance indiscutable des cryptogames. Sans doute il s'agissait de types bien différents de ceux de la nature actuelle, puisque la famille aujourd'hui représentée par l'humble lycopode comprenait alors des arbres de 50 à 60 mètres de hauteur, pendant que les fougères herbacées émettaient des frondes de 8 à 10 mètres de long. Du moins l'attribution de ces frondes à de véritables fougères ne paraissait pas un instant douteuse et, en raison du développement remarquable de ce groupe de plantes, dont les débris jonchent par myriades les schistes subordonnés à la houille, tout le monde s'accordait à désigner l'époque houillère comme ayant été par excellence l'ère des *cryptogames acrogènes*. C'est sous ce titre qu'elle figurait dans tous les tableaux de classification ; et il paraissait d'ailleurs tout naturel que la première des flores continentales eût vu prédominer les types les moins élevés en organisation dans le monde des plantes terrestres.

Or voici qu'en 1904, des découvertes inattendues vinrent infirmer cette conclusion. Souvent les végétaux houillers, au lieu de se trouver dans des schistes, se rencontrent dans des nodules concrétionnés de carbonate de fer, où la conservation des détails de la plante est exceptionnellement remarquable. En collectionnant ces raretés, on s'est aperçu que parfois des pinnules de fougères adhéraient encore à des fragments de rachis, en compagnie d'organes bien caractérisés de fructification. Quelle ne fut pas la surprise des botanistes, en constatant que ces organes, loin d'appartenir à des cryptogames, offraient tous les caractères des fruits de gymnospermes, voisins des cycadées ?

Eclairé par ces observations, on se mit à revoir avec soin les empreintes des collections et partout on reconnut la généralité du fait. Quantité de graines, qu'on avait cru disséminées au hasard au milieu de fragments de fougères, adhéraient en réalité à ces derniers et pouvaient servir à les déterminer spécifiquement aussi bien que la forme et la nervation des pinnules. *Il n'est pres-*

que plus une seule des formes, décrites comme fougères, du terrain houiller, qui puisse rester dans la classe des cryptogames, et on vient d'être obligé de créer le nom de *cycadofilicinées* pour ce groupe tout nouveau de végétaux, fougères incontestables par la forme et la ramure, gymnospermes indiscutables par le mode de reproduction.

*
* *

C'était aussi chose admise, également passée à l'état sacramentel dans les tableaux récapitulatifs des formations, que l'embranchement des vertébrés avait débuté, avant la période houillère, vers le commencement de l'époque appelée dévonienne, par l'apparition des poissons, sous la formes de types spéciaux, dits *ganoïdes* ou poissons cuirassés, parce que leur corps était protégé par une sorte de cuirasse écailleuse. Tout récemment, une meilleure connaissance des squelettes de ces fossiles a conduit les spécialistes à les retirer de la famille des poissons, pour en constituer un groupe nouveau, celui des *ostracodermes*, qui se rapprocherait des crustacés aussi bien que des vertébrés.

Quant aux êtres avec lesquels on pensait qu'avaient débuté les premiers reptiles à respiration aérienne, depuis la récente découverte de squelettes entiers, trouvés à la fois en Afrique australe et dans le nord de la Russie, il a fallu se résigner à avouer que, suivant les parties de ces squelettes qu'on serait amené à considérer isolément, on opinerait tout aussi bien pour un mammifère primitif, placentaire ou non, que pour un reptile, tandis que les vertèbres accusent le type poisson et que d'autres os feraient diagnostiquer des amphibies.

Nous n'en finirions pas si nous voulions passer en revue tous les faits de ce genre qui, dans l'intervalle des cinq ou six dernières années seulement, ont obligé les géologues à modifier, parfois d'une manière profonde, des conceptions sur lesquelles l'accord unanime semblait fait ou du moins bien près de se faire. Mais il faut se borner; c'est pourquoi, renonçant à parler, ni des découvertes qui ont changé du tout au tout l'histoire ancienne de l'Afrique, ni du jour entièrement nouveau sous lequel se présente, depuis très peu de temps, la théorie des tremblements de terre, nous arrêterons seulement notre attention sur celle de ces évolutions qui a fait la sensation la plus profonde: nous voulons parler des conceptions inattendues auxquelles il a fallu tout dernièrement se résoudre pour expliquer certaines particularités de la structure des Alpes.

.˙.

Rappelons au préalable qu'il y a soixante ans, on paraissait d'accord pour attribuer les dislocations de l'écorce terrestre au *soulèvement* de bourrelets, poussés au dehors par une impulsion de bas en haut. Plus tard, il fallut reconnaître que le soulèvement n'était que la résolution locale d'une compression latérale, assez forte pour obliger des assises, même très résistantes, à subir d'énergiques plissements, et ayant pour cause générale l'écrasement progressif d'une écorce, obligée de s'appuyer sur un support en voie de contraction par refroidissement.

Il y a une vingtaine d'années, une tentative se produisit pour réduire les plissements, c'est-à-dire les phénomènes de compression, à un rôle subordonné. Dans cette conception nouvelle, l'écorce terrestre devait être envisagée comme un ensemble de compartiments juxtaposés, dont les uns, mieux assis, se comportaient comme des môles rigides ou piliers, tandis qu'autour d'eux tout s'écroulait à la faveur de cassures, le long desquelles les strates, en glissant, pouvaient se trouver comprimées et même reployées. On imaginait en outre que, sous des influences quelque peu mystérieuses, telles que des écroulements qui approfondiraient certaines parties du lit des océans, le niveau de la mer pouvait subir des oscillations, capables d'amener, tantôt la submersion, tantôt l'émersion, d'étendues considérables de la terre ferme.

Accueillie d'abord avec une grande faveur, surtout en Allemagne, cette manière de voir ne tarda pas à perdre de son crédit, à mesure que se précisait l'étude des pays disloqués ; et voici maintenant que, fraîchement victorieuse de cette vive attaque, la doctrine des compressions latérales est en train de revêtir une ampleur qui, vingt ans plus tôt, eût certainement effrayé ses défenseurs les plus déterminés. Voici comment elle y est arrivée :

La structure des montagnes en général, et celle des Alpes en particulier, offrent par endroits une complication extraordinaire, qui pose devant le stratigraphe des problèmes presque insolubles. Du moins, s'il fallait se résigner à ajourner l'explication de certains détails, était-il permis de croire que le phénomène du soulèvement était connu dans ses traits fondamentaux. Des sédiments variés, originairement déposés dans la mer en couches horizontales, s'étaient trouvés soumis à d'énergiques refoulements, qui les avaient dressés en plis alternativement saillants et rentrants. Les premiers auraient dessiné, dès le début, les crêtes des chaînes actuelles, depuis lors accentuées par l'érosion, qui y découpait des gorges. Parfois la poussée avait pu être assez énergique pour renverser quelque peu la tête de certains plis et la coucher sur les bourrelets voisins ; mais on se tenait pour assuré qu'à peu de distance on trouverait aisément la racine de ces plis couchés, c'est-à-dire leur raccordement avec les ondulations normales du système.

Cependant, plus la connaissance des détails progressait, et plus ces raccordements devenaient difficiles à établir. Un jour il fallut se résoudre à reconnaître que, sur des étendues considérables, au nord des chaînes de l'Oberland, des systèmes de plis couchés et disloqués reposaient horizontalement sur des couches bien plus jeunes, sans qu'il fût possible d'en déterminer la provenance prochaine. Alors on s'avisa d'analyser de plus près les éléments de ces paquets de couches disloquées et, par l'examen des roches et des fossiles, on s'aperçut que leurs analogues devaient être cherchés, non dans les terrains de même âge qui affleurent normalement en Suisse, mais parmi ceux du versant piémontais des Alpes. Par une déduction hardie, on en vint à penser qu'ils représentaient les restes d'une sorte de grande vague, venue du sud, et ayant déferlé par-dessus la crête de l'Oberland.

Dans un tel mouvement, la tête des plis empilés, laminée par la pression, se serait plus d'une fois détachée de sa racine et, la poussée continuant, cette tête, enfouie dans des sédiments plus jeunes et plus meubles, aurait pu cheminer très loin de son lieu d'origine, se partageant elle-même en fragments pendant la route. Plus tard, à la suite de la dispersion progressive des couches meubles au sein desquelles ce transport avait pu s'accomplir, les paquets charriés, protégés par leur plus grande dureté, seraient venus constituer ces témoins, aux formes étranges et heurtées, comme les Mythen de Schwyz, pour lesquels on a créé le nom expressif de massifs *exotiques*, afin de bien marquer qu'ils n'ont rien de commun avec leur entourage et doivent venir de loin.

Encore si le phénomène n'avait eu lieu qu'une fois ! Mais ceux des géologues qui sont en même temps d'intrépides alpinistes (et il faut cela pour faire de la stratigraphie en montagne) n'ont pas craint d'aller recueillir des observations jusque sous les neiges et les glaces des cimes, dans l'Oisans, le Chablais, l'Oberland. Ils ont pu établir ainsi qu'on avait affaire au moins à trois ou quatre, quelquefois à sept empilements successifs, attestant la superposition d'autant de vagues. Même les dernières auraient débordé les précédentes et cheminé plus loin vers le nord, exactement comme fait la houle qui déferle sur une plage, et où chaque vague, cherchant à dépasser l'autre, déverse son écume par-dessus la crête de celle-ci. Et tout cela s'était produit avec des couches de schistes, de grès, de marbre, même de granit, qui avaient obéi comme une cire molle à l'effroyable poussée interne !

L'hypothèse, au début, semblait d'une hardiesse démesurée; car il fallait infliger à ces nappes de roches charriées un transport de près de cinquante kilomètres. Mais l'Ecosse et la Scandinavie offraient au même moment des exemples de même ampleur; et tout cela n'était rien encore, à côté du transport qu'il paraît maintenant nécessaire d'admettre pour les Alpes orientales ! Ces grandes ondulations, qui semblent venir mourir avec tant de régularité contre la plaine bavaroise et où l'on s'était plu jusqu'ici à voir le type d'une chaîne normalement plissée, sont également le produit d'un lointain charriage. Aucune de ces masses calcaires n'est en place. On y peut compter facilement jusqu'à trois ou quatre empilements et, ce qu'il y a de plus caractéristique, c'est que la source d'où sont venues ces vagues doit être cherchée bien loin au sud, du côté de la Carniole !

Ces mouvements invraisemblables n'ont d'ailleurs pu s'accomplir qu'à une profondeur suffisante pour que les couches refoulées demeurassent assez malléables. Les dislocations observées seraient donc le produit de convulsions internes très profondes, et ce n'est que plus tard que l'ensemble aurait été relevé de plusieurs milliers de mètres, fournissant alors aux eaux courantes l'occasion d'y découper les cimes superbes et les gorges grandioses, qui font aujourd'hui la beauté des paysages alpestres.

Quelques-uns jugeront téméraire d'accepter d'emblée comme définitives des vues aussi hardies et qui, à l'heure présente, rencontrent encore des contradictions passionnées. Mais ces contradictions s'expliquent si bien par la révolte de certains amours-propres; les conceptions qui les provoquent rendent si bien compte d'une foule d'énigmes jusqu'alors indéchiffrables ; elles éclairent tant de points obscurs ; leur application à d'autres contrées, telles que les Pyrénées, les Carpathes, l'Himalaya, se montre si féconde ; enfin ceux qui les ont mises en avant, les Marcel Bertrand, les Lugeon, les Schardt, les Termier, les Haug, apportent chaque jour en leur faveur tant d'arguments décisifs, que cette orientation nouvelle de la science orogénique nous paraît devoir être tenue pour bonne.

Seulement c'est une modification radicale apportée aux anciennes hypothèses. Toutes les cartes géologiques des pays disloqués sont à revoir à ce point de vue, à l'aide de cette clef nouvelle, car c'en est une, qui doit permettre de déchiffrer les hiéroglyphes de la statigraphie. Nombre de points acquis se trouvent, du coup, remis en question et appelés à recevoir une meilleure interprétation. Le fait qu'il y a vingt-cinq ans on n'avait encore aucun soupçon de cette évolution, et que le simple énoncé des hypothèses actuelles eût alors fait dresser les cheveux sur la tête aux géologues les plus en renom, constitue le plus salutaire des avertissements pour ceux qui croiraient que les affirmations hautaines et tranchantes sont aujourd'hui de mise en ce qui concerne l'histoire de l'écorce terrestre.

∴

Un autre rappel à la prudence nous est venu récemment des pays septentrionaux. On sait que de grands glaciers, originaires de la Finlande et de la Scandinavie, ont couvert autrefois l'Allemagne du nord, où ils ont jonché le sol de blocs erratiques dont la provenance ne peut laisser aucune hésitation. Ce phénomène n'a sans doute pas été unique ; non seulement une calotte glaciaire d'une pareille étendue a dû subir des oscillations en rapport avec sa masse ; mais, dans ces derniers temps, on était à peu près d'accord pour penser qu'il y avait eu au moins deux périodes de grande extension des glaces, dans l'intervalle desquelles celles-ci avaient dû disparaître complètement.

Cette hypothèse était fondée, entre autres arguments, sur la présence, au milieu du terrain erratique des environs de Berlin, de quelques dépôts de sables et de graviers, d'origine fluviale incontestable, et qui semblaient intercalés dans le dépôt glaciaire d'argile à blocaux. Dans ces graviers, on rencontrait des ossements d'éléphants et autres animaux, rhinocéros, bisons, rennes et cerfs ; et bien que l'on y trouvât associées des espèces qui, d'ordinaire, se présentaient ailleurs à des niveaux un peu différents, telles que l'éléphant antique et le mammouth, l'intercalation observée était interprétée comme attestant l'existence d'une phase *interglaciaire*, pendant laquelle le climat était devenu assez doux pour permettre l'établissement de grandes rivières, aux bords fréquentés par une légion de pachydermes et d'herbivores.

Or, il y a deux ans, on a fait en Scanie une observation qui jette de grands doutes sur la parfaite légimité de cette conclusion. Depuis longtemps, on exploitait dans ce pays des masses de craie blanche, précieuses dans une contrée où le calcaire est une rareté, et que l'on regardait comme un dépôt en place, attestant que la mer de la craie avait autrefois recouvert la Scanie et le Danemark. A la vérité ces masses étaient assez singulièrement disloquées ; dans quelques-unes, la roche était comme écrasée ; les divers gissements connus concordaient mal les uns avec les autres, et les paléontologistes avaient grand'peine à en déterminer l'âge exact, quoique les fossiles y fussent nombreux.

Pendant ce temps, des sondages de recherche exploraient aux alentours le terrain glaciaire qui recouvrait ces gisements, pour savoir s'il n'en existait pas d'autres. Au cours de ces travaux, la surprise fut grande de voir que la sonde, après avoir traversé une certaine épaisseur de craie, retrouvait par-dessous des argiles glaciaires. Bientôt on s'assurait qu'il en était de même des gisements déjà connus, et que chacun d'eux représentait un véritable *paquet*, emballé dans l'ancienne moraine. Quelques-uns de ces paquets étaient énormes, mesurant jusqu'à 800 mètres de long et 300 de large, avec 15 ou 20 mètres d'épaisseur. Jamais l'idée ne serait venue d'y voir de vrais blocs erratiques, sans la constatation décisive de leur superposition au terrain glaciaire. C'étaient donc des fragments d'une nappe de craie, qui avait dû tapisser à l'est le fond de la Baltique, et que le glacier avait poussée devant lui en la disloquant. Et non seulement il l'avait ainsi charriée ; mais, comme on a pu récemment le vérifier, il était parvenu en certains points à faire monter ses fragments sur un terrain crétacé plus récent, comme celui qu'on exploite à Faxe en Danemark.

Ce n'est pas tout ; la pression subie dans ce transport avait été si forte que, par places, des sables, des cailloux et jusqu'à des bois de cerf étaient venus s'enfoncer dans le corps même de la masse crayeuse, jusqu'à plusieurs mètres de sa surface, sans qu'on pût découvrir aucune fissure qui eût servi de chemin à ces hôtes étranges. Quoi d'étonnant dès lors à ce que des graviers d'origine fluviale, remaniés par la glace en mouvement, aient pu se trouver mécaniquement intercalés dans l'argile de la moraine, au lieu de se déposer paisiblement à la surface de celle-ci, pour être ultérieurement recouverts par une reprise du phénomène des glaces ?

Sans doute il serait excessif de vouloir, dès à présent, généraliser la portée de cette observation ; mais il serait plus dangereux encore de la méconnaître ; alors surtout que des intercalations du même genre, observées autour du massif alpin, ont souvent été invoquées pour établir les rapports de l'époque glaciaire avec les phases de l'activité humaine préhistorique.

De toutes façons, des faits de cette sorte doivent résonner aux oreilles des véritables hommes de science comme des avertissements significatifs. Ce sont au moins des invitations formelles à s'abstenir de tout dogmatisme exagéré. A plus forte raison, en présence de telles vicissitudes, si souvent répétées au cours de l'évolution de la géologie, serait-on blâmable si, négligeant de demander à cette science les grandes leçons d'ordre, d'harmonie et de finalité qu'elle nous offre, on prétendait ne s'en servir que comme d'un instrument de combat contre des croyances inspirées des mêmes conceptions.

§ 5. — *La marche vers l'unité dans la science moderne.*

Le tableau par lequel nous avons essayé de représenter, dans ses traits généraux, l'évolution des doctrines scientifiques, pourrait être interprété dans un sens quelque peu pessimiste, si nous n'avions pris soin, au préalable, de dresser la contre-partie de ce bilan. Nous voulons parler de l'exposé des grandes et belles conceptions, groupées autour de l'idée d'ordre, que met en lumière un impartial examen des résultats obtenus dans chaque branche de nos connaissances.

Ce n'est donc, à aucun degré, un acte d'accusasation contre la science que nous avons prétendu formuler, en énumérant les incertitudes et les contradictions auxquelles les théories sont encore sujettes. Cette étude, où d'ailleurs nous n'avons fait que reproduire les conclusions des hommes les plus autorisés comme les plus exempts de parti pris, n'avait qu'un but. Il s'agissait de montrer à quel point, dans son état actuel, la science consciencieuse est encore loin de pouvoir émettre des affirmations catégoriques, en ce qui concerne l'essence des choses, et quelles difficultés croissantes elle semble rencontrer, quand elle cherche à pénétrer au delà des apparences immédiates.

De la sorte, sûre d'accomplir des merveilles lorsqu'elle se borne à nous servir de guide pour discipliner à notre profit les forces de la nature, elle n'en laisse pas moins subsister dans notre entendement toutes sortes de mystères. Ce serait donc bien à tort qu'on attendrait d'elle la solution des grands problèmes de l'âme, problèmes qui d'ailleurs ne se mettent pas en équations, parce que ni le nombre ni l'étendue n'y interviennent, et que l'énergie mise en jeu est de celles qui ne se dosent pas.

Toutefois, et ne fût-ce qu'à titre d'atténuation aux réserves que nous avons dû faire, il est bon de mettre en lumière, à l'actif de la science contemporaine, un résultat qui du reste concorde pleinement avec les considérations développées au début de ce travail. Il s'agit de la tendance vers l'*unité*, qu'accentue très clairement le progrès continu de nos connaissances théoriques.

De tous les signes auxquels peuvent se reconnaître l'ordre et l'harmonie dans un ensemble de choses, il n'en est pas de plus caractéristique que l'*unité*. Que cette notion s'impose à nous par le spectable de la nature, et que la manifestation en devienne de plus en plus claire, à mesure que la science progresse, c'est ce qu'il est impossible de contester. M. Poincaré (1) n'a pas hésité à le proclamer : « La science, a-t-il dit, marche vers l'unité et la simplicité. » Et le résultat est d'autant plus remarquable, que les observations desquelles il ressort révèlent chaque jour des phénomènes nouveaux, de sorte qu'un esprit superficiel pourrait être tenté de n'apercevoir que la complication croissante des faits scientifiquement constatés.

Il y a environ un demi-siècle, les divers domaines de la philosophie naturelle semblaient clairement définis, et presque sans contact les uns avec les autres. Un mathématicien, un physicien, un chimiste, un naturaliste, représentaient autant de spécialités nettement séparées, dont chacune pa-

(1) *Op. cit.*, p. 202.

raissait exiger des aptitudes difficilement conciliables avec celles qui devaient assurer le succès dans la spécialité voisine. Personne ne songeait à identifier les phénomènes de la physique avec ceux de la chimie. Moins encore eût-on admis qu'il n'existait pas de barrière infranchissable entre ces deux sciences de laboratoire et celles qui ont pour objet le monde organique.

Même, dans chacun de ces domaines spéciaux, les compartiments indépendants étaient nombreux. A peine si l'on venait d'apprendre à reconnaître, à côté du faisceau lumineux étalé et décomposé par un prisme, la coexistence de radiations invisibles pour notre œil, dont les unes, précédant le rouge, affectaient surtout le thermomètre, tandis que les autres, dépassant le violet, se traduisaient par l'intensité de leur action chimique. L'étroite parenté de la chaleur, de la lumière et de l'affinité commençait à s'affirmer dans cette succession continue, où seule la longueur d'onde suffisait à définir l'aptitude spéciale des rayons.

Bientôt le spectroscope devenait un merveilleux moyen d'analyse à toute distance; et le premier résultat de son emploi était de montrer que les mêmes éléments chimiques sont communs à tous les corps célestes, puisque les substances qu'on avait pu croire un moment étrangères à notre globe, telles que l'hélium, ont fini par être retrouvées au sein des minéraux terrestres.

L'unité de composition de l'univers devenait donc un fait acquis; et plus tard, par une voie bien inattendue, le même spectroscope, appliqué à l'étude des étoiles multiples, fournirait le moyen de constater que la même loi d'attraction gouverne tous les mondes. En attendant, les rapports numériques remarquables des poids moléculaires, entre éléments simples d'une même famille chimique, donnaient à soupçonner que tous les corps pourraient être formés par le groupement en nombre inégal d'une seule espèce d'atomes.

Ampère avait démontré l'identité du magnétisme et de l'électricité. Mais à son époque on était loin de penser qu'un jour le génie d'un Maxwell réussirait à établir le lien le plus intime entre la lumière et l'électromagnétisme, enfin que Rowland réussirait à faire naître un courant électrique par le seul déplacement d'un conducteur électrisé. On ne prévoyait pas non plus qu'Henri Sainte-Claire-Deville, par l'étude de la dissociation, ferait tomber toute barrière entre la physique et la chimie. Plus tard, les découvertes de Raoult allaient permettre d'assimiler la dissolution, d'une part à l'évaporation, de l'autre à la décomposition par la pile. Par cette mise en évidence de propriétés indépendantes de la nature des corps, on allait être conduit à ce résultat presque incroyable, de pouvoir déterminer le poids moléculaire d'un élément, rien qu'en mesurant le retard apporté à la congélation de l'eau par la présence de ce corps en dissolution étendue.

Qui aurait pu deviner, au moment où Dutrochet découvrait l'osmose, que la pression osmotique se révélerait en tout semblable à la tension des vapeurs? Qui se doutait que cette notion, envahissant le domaine de l'histoire naturelle, fournirait le secret de la résistance extraordinaire offerte par de petits êtres, capables de développer dans leurs cellules des pressions de 160 atmosphères, en même temps qu'on entrevoit, dans cette énergie cellulaire, de grandes analogies avec la charge formidable que portent les *ions* ou *électrons?*

Quelle révolution fut provoquée, dans le sens de l'unité, le jour où Mayer et Joule découvrirent l'équivalent mécanique de la chaleur, à laquelle toutes les autres formes de l'énergie allaient bientôt être assimilées! A dater de ce moment, on a pu concevoir l'ambition d'embrasser tous les phénomènes de la nature sous la double loi de la moindre action et de la conservation de l'énergie; et on sait combien cette notion a été féconde en donnant naissance à la mécanique chimique.

On pourrait dire, il est vrai, que ce genre d'unité ne se réalise qu'au profit des considérations d'ensemble, et nous force à regarder les phénomènes de plus en plus haut, c'est-à-dire en nous écartant davantage de leur définition objective. Mais, parallèllement à cette tendance, et sans la contredire en rien, une autre se dessine, qui autorise déjà de grands espoirs.

Depuis que l'étroite parenté des diverses formes de l'énergie a été reconnue, il suffit que les détails de l'une d'elles viennent à être précisés pour que les conclusions obtenues puissent s'étendre aux autres formes. Or, d'une part, il n'est plus guère contestable que les phénomènes électriques ne soient dus au déplacement réel des électrons; et, d'autre part, la découverte des rayons de Becquerel et celle des substances radio-actives ont montré que le même transport pouvait s'accomplir au profit de la lumière. On sait d'ailleurs que d'ingénieux physiciens ont réussi à se faire une idée de la charge électrique des électrons, comme aussi de leur masse, évaluée au millième de celle de l'atome d'hydrogène ; enfin qu'ils ont constaté ce fait capital, qu'aucune différence n'apparaît entre les propriétés de ces corpuscules, quel que soit le corps d'où ils proviennent.

A la suite de ces sensationnelles découvertes, fruit de ces dernières années, de brillants esprits ont conçu, relativement à la constitution de la matière, des hypothèses d'une séduisante originalité. Pour eux, chaque atome serait un monde solaire en miniature, où des milliers de corpuscules, chargés d'électricité négative, circuleraient comme satellites, à raison de 600 ou 1000 *trillions* de tours par seconde, autour d'un ou plusieurs centres positifs, de façon à constituer un système neutre. De temps en temps, une action puissante réussirait à dégager de sa servitude un de ces satellites, qui deviendrait alors un véhicule d'énergie, pratiquement impondérable à cause de sa petitesse, et n'infligeant à l'atome d'où il s'est échappé qu'une diminution inappréciable; diminution qui d'ailleurs ne serait pas destinée à se renouveler, le départ du fugitif laissant prédominer un excès d'électricité suffisant pour défendre désormais le système contre toute atteinte nouvelle.

Ces petits mondes atomiques pourraient différer les uns des autres par le nombre et les trajectoires de leurs corpuscules. Naturellement, ceux auxquels la chimie est amenée à attribuer un poids atomique considérable auraient un plus grand nombre de satellites; et, par conséquent, parmi ceux-ci, il s'en trouverait forcément qui décriraient des orbites plus éloignées que les autres du centre commun. Pareils au Neptune de notre système, ils seraient plus faiblement retenus sous l'empire de ce centre. On comprendrait alors que, sous certaines influences, il leur fût possible d'échapper à son attraction. Tel serait le cas des corps radio-actifs ; car il est établi qu'ils se distinguent précisément par la haute valeur de leur poids atomique, qui dépasse deux cents fois celui de l'hydrogène.

Il n'y aurait plus ainsi qu'une matière, le corpuscule, et qu'une force, l'électricité. Les *qualités occultes* d'Aristote, qu'on a récemment tenté de faire revivre, pourraient trouver à s'expliquer sans mystère par le nombre des corpuscules, la dimension de leurs orbites, la vitesse avec laquelle ils les parcourent, etc.

La nature même des corpuscules continuerait d'ailleurs à se prêter à toutes les hypothèses. Les uns pourraient les regarder comme de l'éther condensé. D'autres, avec lord Kelvin, y verraient le lieu des points où l'éther est animé de mouvements tourbillonnaires ; ou, avec Riemann, le lieu des points où l'éther est constamment détruit ; ou encore, avec Wiechert et Larmor, le lieu des points où l'éther subit une torsion de nature particulière (1).

Illusions, rêves d'imagination, chimères dangereuses ! s'écrieront sans doute les logiciens implacables, ennemis de toute théorie, défiants par nature à l'égard des images trop nettes, parce

---

(1) Poincaré, *op. cit.*, p. 198.

qu'ils ont trop soigneusement catalogué les hypothèses qui se sont successivement supplantées après une vogue momentanée. C'est possible ; et pourtant on ne saurait méconnaître la haute signification de cette poussée de découvertes nouvelles, toutes orientées spontanément vers la même direction, et aboutissant, par les voies les plus diverses, à la même notion d'unité. En même temps on voit les mêmes formules mathématiques s'appliquer avec une égale aisance à des catégories de phénomènes qu'on croyait autrefois dépourvues de liens mutuels et, comme nous le rappellions il y a un instant, les lois de l'énergétique s'étendent à un ensemble chaque jour plus large.

Enfin la considération de l'unité devient le meilleur *criterium* pour apprécier la valeur des hypothèses. Si, en dehors de toute autre preuve, la conception du mouvement de rotation de notre terre mérite la préférence, ce n'est pas seulement parce qu'elle fournit une explication beaucoup plus simple des faits observés ; c'est aussi, comme le remarque M. Poincaré (1), parce qu'elle groupe en un système harmonieux les notions de mouvement diurne des corps célestes, d'aplatissement terrestre, de déviation du pendule, de

---

(1) *La valeur de la Science*, p. 273.

giration des cyclones, de formation des vents alizés, etc ; phénomènes qui, en dehors de cette conception, n'auraient aucun lien entre eux.

Si donc la véritable essence des choses continue à nous demeurer inaccessible, on peut se consoler en pensant que le voile qui la couvre laisse du moins deviner la belle harmonie à laquelle elle doit obéir. Unité, simplicité, voilà certes de hautes et nobles conceptions ! Reconnaître que le progrès de la science nous y amène, n'est-ce pas proclamer du même coup l'évidence des marques auxquelles se distingue la souveraine Sagesse qui a tout ordonné ?

CHAPITRE SEPTIÈME

LES DEVOIRS ET LES DROITS DE L'APOLOGISTE
EN MATIÈRE SCIENTIFIQUE

§ 1. — *Les devoirs de l'apologiste.*

Il ne paraît pas difficile d'établir ce que nous appellerons les devoirs de l'apologiste au regard de la science. En effet, l'apologétique ne choisit pas elle-même le terrain de la discussion. Ce terrain lui est nettement désigné par l'attaque, de la même façon que l'hérésie, par le fait seul qu'elle surgit, désigne les points sur lesquels devra porter une définition dogmatique plus explicite. Par suite, en présence d'attaques formulées au nom de la science, l'apologiste doit envisager, d'abord la nature des positions à défendre ; ensuite, les meilleurs moyens à employer pour rendre l'assaut inefficace.

En ce qui concerne les positions, il importe de ne pas faire la partie belle aux assaillants, en incorporant sans nécessité, dans le domaine de la défense dogmatique, des traditions qui peuvent être grandement respectables, mais qui, n'intéressant pas le salut et n'ayant pas trait au dogme, ne font pas de droit partie de ce domaine sacré. Assurément ce n'est pas à nous de définir plus particulièrement les objets susceptibles de rentrer dans ce cadre. Ce sont choses auxquelles on ne doit toucher qu'avec une extrême délicatesse, et à condition d'y apporter des lumières qu'un simple laïc ne peut se flatter de posséder. Mais il est bon que l'attention de qui de droit soit sérieusement appelée sur ce point, afin que, vis-à-vis des ennemis déclarés de nos croyances, la cause de celles-ci ne soit pas compromise par le mélange des vérités essentielles avec des choses accessoires, dont il pourrait être opportun de les dégager.

Si on laissait subsister, dans des livres couramment usités par les maisons chrétiennes d'enseignement, des énonciations qui, sans rapport avec le dogme, la morale ou la discipline, heurteraient directement des notions scientifiques sur lesquelles l'accord existe aujourd'hui, on donnerait à nos adversaires un de ces prétextes qu'ils saisissent si volontiers pour déconsidérer le dogme lui-même. Exploités auprès des esprits qu'une saine éducation n'aurait pas suffisamment prémunis, ces prétextes pourraient arrêter une adhésion prête à se laisser conquérir; et ainsi on aurait sur la conscience d'avoir fermé l'accès de la vérité à beaucoup d'âmes de bonne foi, qu'on eût pu gagner en évitant cette faute.

Encore une fois, nous n'aurons pas la témérité d'indiquer à quelles parties des traditions doit s'appliquer le travail d'élagage qu'il pourrait être opportun d'effectuer. Nous croyons seulement que ce travail s'impose, aux yeux de ceux qui, peu désireux de constituer une petite église de plus en plus fermée, souhaitent de voir entrer dans leurs rangs le plus grand nombre possible d'âmes de bonne volonté. On ne se donne pas impunément l'air de négliger l'évidence; et les apologistes attardés qui, s'inspirant d'idées excusables à un autre âge, s'obstineraient à défendre des positions qu'on n'aurait pas dû incorporer au patrimoine fondamental, feraient le plus grand tort à la cause qu'ils veulent servir.

Les esprits absolus diront peut-être qu'il ne faut pas laisser porter la plus légère atteinte à ce qu'ils regardent comme un édifice homogène et intangible; que vouloir en enlever une toute petite pierre est préparer la démolition totale. Tel n'est pas notre sentiment. C'est respecter l'édifice, au contraire, de ne pas accepter de le confondre avec ce qui pourrait n'en faire partie qu'accidentellement, et faute d'un contrôle dont la nécessité n'a été ressentie qu'avec le cours du temps. Ainsi les bons architectes dégagent nos cathédrales d'additions inopportunes, quoique bien intentionnées, qui en masquaient la beauté ; et nous appliquerions volontiers, en cette circonstance, la comparaison faite par un éminent prélat (1), à propos des légendes dont la piété naïve des générations a cru devoir enrichir l'histoire des grandes figures du christianisme. Pour lui, ces légendes étaient comme un lierre vigoureux, qui avait poussé peu à peu, de manière à dissimuler la construction initiale, et il réclamait le droit, non de détruire ou de brûler cette végétation adventive, mais d'en écarter respectueusement les branches, pour mieux admirer la majesté de l'édifice qu'elle enveloppait.

Mais c'est assez d'avoir signalé ce point de vue, et, laissant à des autorités mieux qualifiées le soin d'en faire, s'il y a lieu, la délicate application, bornons-nous ici à envisager un certain nombre de questions, de l'ordre purement scientifique, au sujet desquelles il a pu y avoir du doute à l'origine, mais qui sont aujourd'hui, aux yeux des hommes compétents et sans parti pris, l'objet d'un accord assez unanime, pour qu'il y ait imprudence grave à vouloir dénoncer les résultats acquis comme contraires à la vérité religieuse.

(1) Mgr Duchesne.

Nous signalerons en premier lieu les discussions auxquelles a donné naissance la question des *infiniment petits*. Il semble, au premier abord, que rien ne puisse être plus innocent, au point de vue dogmatique, que cette conception des mathématiciens, qui porte non sur des réalités, mais sur de pures abstractions, et nous est suggérée, comme on l'a vu plus haut, par la nécessité de faire évanouir la contradiction qu'engendre la perception du continu physique.

Cependant il s'est trouvé des philosophes chrétiens qui, par une fausse interprétation de ce symbole, en sont venus à le dénoncer comme une véritable hérésie ; si bien que, sous leur inspiration, on a vu des apologistes de grande vertu et d'intentions très pures répandre dans le public des brochures, destinées à combattre les erreurs contemporaines, où se trouvait cette phrase regrettable : « Le calcul infinitésimal est fondé tout entier sur une erreur et, qui pis est, sur une erreur contraire à la révélation. »

Stigmatiser de pareille manière l'admirable instrument qui a permis de définir avec tant de précision les mouvements des astres, et de soumettre à l'analyse tous les phénomènes de la physique, était chose au moins bien téméraire, et le simple bon sens aurait dû suffire pour préserver d'une telle démarche. Qu'est-ce donc qu'un infiniment petit ? C'est simplement une quantité variable qui tend vers zéro. Imaginons deux bâtons d'inégale longueur, dont l'un, plus petit au début que l'autre, peut être allongé, soit par l'action de la chaleur, soit par la traction, s'il est fait de matière élastique. En commençant, la différence de longueur des deux bâtons a une certaine valeur ; peu à peu, elle diminue, et il est facile d'arriver à la rendre nulle, ne fût-ce qu'un instant. Voilà donc l'exemple d'une variable dont la limite est zéro. Osera-t-on dire que cette énonciation soit contraire à la révélation ? Ce serait risquer de faire prendre la révélation en horreur par tous ceux qui, n'ayant pas eu l'avantage d'y être conquis de bonne heure, céderaient à l'indignation de voir placer sous son égide des propositions aussi manifestement absurdes.

L'apologiste évitera cet écueil, s'il considère comme un devoir de tenir compte de tout ce qui, à l'heure présente, est scientifiquement acquis. C'est l'exemple qu'avait donné, dès le treizième siècle, le plus grand génie philosophique qui ait jamais paru. Saint Thomas d'Aquin a voulu connaître tout ce que la science de son temps avait pu établir ; et c'est sur cette base expérimentale qu'il a édifié sa métaphysique, comprenant l'ensemble des choses *qui sont au delà de la physique*. En agissant ainsi, il nous a tracé le modèle à suivre et, pour rester fidèles à sa méthode, il faut savoir faire avancer le point de départ de la métaphysique à mesure que le domaine de la physique s'accroît.

Ce ne serait pas faire honneur à la tradition de ce maître admirable, si l'on s'acharnait à défendre contre toute modification certaines définitions que selon toute vraisemblance il eût lui-même amendées, si à son époque la science eût été en possession des conquêtes qu'elle devait faire cinq ou six siècles plus tard. En particulier, quand son génie personnel l'amenait à rechercher un élément fixe et invariable, dans cette matière sujette à de perpétuels changements, et que tous ses contemporains regardaient comme transmutable, ne peut-on pas penser que la notion de matière première et de forme se fût présentée à lui sous un autre aspect, s'il avait pu soupçonner, d'abord, que la balance de Lavoisier affirmerait l'invariabilité des masses à travers toutes les réactions chimiques ; ensuite que plus tard le principe de la conservation de l'énergie viendrait donner à la même loi une portée plus universelle ?

Une autre règle, dont le respect s'impose à l'apologiste contemporain, est de n'admettre, comme explication purement naturelle de faits extraordinaires, que ce qui ne heurte à aucun degré les lois fondamentales de la physique. A coup sûr un croyant ne contestera jamais la possibilité d'un miracle ; mais si l'on se place volontairement en dehors de cette possibilité, il faut de toute nécessité que les causes invoquées ne renferment rien de contraire aux lois établies par l'observation.

Ainsi il n'est pas d'explication naturelle qui ait le droit de faire bon marché des règles de la pesanteur, de l'optique, de la chimie, etc. Si, par exemple, le vulgaire est excusable de croire que, sans miracle, il puisse exister à un certain moment, dans l'atmosphère, une quantité de vapeur d'eau assez considérable, pour que sa chute sous forme de pluie élève notablement, en quelques heures, le niveau général des eaux, l'apologiste n'a pas la même liberté. Il doit prendre garde que, pour l'homme de science, toute masse de vapeur qui correspondrait à l'étalement, sur le globe entier, d'une tranche d'eau de dix mètres, augmenterait forcément d'une atmosphère la pression de l'air, et que celle-ci, au delà de trois atmosphères, rendrait la respiration de l'homme absolument impossible.

D'autres ont pensé et écrit qu'une inondation générale pourrait se produire naturellement, si d'imménses réservoirs souterrains venaient à se vider tout d'un coup. A ceux-là il conviendrait de rappeler qu'on connaît aujourd'hui le volume de la terre ferme, environ quinze fois plus petit que celui de la masse océanique. Il en résulte que, même dans le cas absolument inadmissible, où la capacité des réservoirs égalerait le volume des continents où ils doivent être creusés, la masse d'eau ainsi vomie éleverait à peine de deux cents mètres le niveau de l'océan. Encore une fois, si l'on écarte délibérément le fait miraculeux, ce n'est pas à des raisons de ce genre qu'il faut recourir.

De même, on peut éprouver quelque regret à voir des apologistes, à propos de la grave question du mouvement de la terre, triompher bruyamment de la découverte de la translation propre à notre système solaire, entraîné, comme on sait, par un déplacement d'ensemble, qui le rapproche insensiblement de la constellation d'Hercule. Vous voyez bien, s'écrient-ils, que c'est le soleil qu'il conviendrait d'arrêter, sûr de suspendre du même coup tous les autres mouvements planétaires, celui de la terre en particulier.!

Outre que cette conséquence ne paraît pas obligatoire, et que par surcroît elle jure grandement avec le principe de la moindre action, l'hypothèse doit sembler exorbitante à quiconque réfléchit aux effets extraordinaires que produirait l'arrêt total de pareilles masses, animées des vitesses qu'on sait. Ce serait leur inévitable éclatement. Le fait que beaucoup de gens, grâce à leur incompétence, ne soupçonnent pas le défaut d'explications semblables, ne les rend pas moins regrettables.

Une autre fois, c'est un apologiste qui s'est fait, à lui seul, une théorie toute personnelle sur la submersion générale du globe terrestre. Il a découvert, dans un chapitre des Saints Livres, sans aucun rapport avec la Genèse, qu'à un certain moment l'axe des pôles avait dû être violemment secoué, et qu'une série de vagues furieuses s'étaient promenées sur la terre. Il en conclut que ces vagues ont dû anéantir les forêts, et les dépôts de charbon de terre lui apparaissent comme la preuve victorieuse de cette destruction.

En vain on lui a représenté que la houille est datée, sans hésitation possible, d'une époque considérablement antérieure à l'existence de l'homme ; que les matériaux dont elle se compose accusent une végétation absolument différente de la nôtre ; que d'ailleurs le charbon de terre est régulièrement intercalé entre des couches, le plus souvent marines, dont l'âge est définitivement fixé par les fossiles qu'elles renferment, et qui tous sont étrangers à la faune actuelle. N'étant pas de la partie, ne connaissant la géologie que par des lectures, dont il n'a gardé que ce qui convenait à son imagination, non seulement il refuse d'abandonner son système ; mais il sollicite bruyamment l'anathème contre toute doctrine qui ne s'en inspirerait pas exclusivement.

Sans doute de telles exagérations n'enlèveront pas la foi à ceux qui ont l'avantage de la posséder. Mais combien en pourront prendre prétexte pour s'arrêter au seuil du temple, si on peut leur faire croire que ces divagations pseudo-scientifiques y trouveraient des encouragements !

L'apologiste a donc le devoir d'être exactement informé. Il n'en résulte pas pour cela qu'il doive posséder à fond toutes les sciences ; ce serait une tâche surhumaine, alors surtout qu'il y faudrait joindre une égale compétence dans les matières d'exégèse et de dogme. Mais il importe qu'il se tienne au courant des résultats acquis dans chaque domaine, et ne commette pas la faute d'employer des armes défectueuses, puisées dans un arsenal archaïque, ou fournies par la lecture hâtive d'ouvrages de vulgarisation sans autorité.

Dans cet ordre d'idées, nous signalerons, comme devant rester désormais en dehors de la contradiction, certains résultats d'une science, à peine soupçonnée il y a un siècle, et qui depuis lors a pris un essor immense ; nous voulons parler de la Géologie. A coup sûr, ses incertitudes sont encore nombreuses ; la controverse, parfois très vive, entre spécialistes, trouve à s'exercer presque dans chaque chapitre. Néanmoins les grandes lignes de son édifice doctrinal s'affermissent chaque jour, et il y a quelques questions sur lesquelles s'est produit ce consentement universel qui est la garantie de la certitude empirique.

De ce nombre est la haute antiquité du globe, affirmée par la succession de sédiments épais, et dont la plupart portent en eux-mêmes le témoignage de la lenteur avec laquelle ils se sont formés. Tel ce calcaire en innombrables plaquettes des bords du lac de Constance, où chaque lit mince, par la nature spéciale des feuilles, fleurs, fruits, débris d'insectes, dont il a gardé fidèlement la trace, fournit le moyen de reconnaître dans quelle saison s'est effectué le dépôt. Tels ces schistes lithographiques de la Bavière, produit de la consolidation d'une vase calcaire, opérée dans des conditions de tranquillité si remarquables, que les empreintes des méduses et celles des libellules y ont été conservées dans tous leurs détails. Ce n'est pas que de longtemps encore on puisse se dire, d'une façon générale, en mesure d'évaluer en nombre d'années le temps qu'a pu réclamer la formation de chaque couche de terrain. Mais que, pour l'écorce tout entière, ce nombre doive se chiffrer au total par millions, c'est de quoi il n'est plus permis de douter.

Il est également impossible de méconnaître la succession, tant de fois répétée à la surface du globe ou dans les mers, d'organismes qui diffèrent d'autant plus de ceux du temps présent, qu'on remonte plus haut le cours des âges. En outre, aucun géologue instruit n'admet aujourd'hui que ces générations successives d'animaux et de végétaux distincts aient disparu sous l'influence de violents cataclysmes.

A ce point de vue, la géologie semble apporter un témoignage assez formel dans la question, si débattue et encore si obscure, de l'évolution. Puisque les formes se succèdent avec régularité, qu'entre elles les passages ne manquent pas, et que la variation dans les formes est habituellement d'accord avec la différence d'âge, il est bien difficile d'échapper à l'idée d'une évolution, ordonnée d'ailleurs, comme tout ce qui se passe ici-bas, et gouvernée par une cause extérieure puissante, en conformité d'un dessein voulu. Sans doute la géologie n'en pourra jamais fournir la preuve directe, puisqu'elle ne connaît que des restes fossiles, et n'a pas le moyen de montrer la nature en action. Néanmoins l'impression qui résulte de la contemplation du monde paléontologique ne semble pas pouvoir s'accorder avec un autre système. Aussi, sans prétendre le moins du monde que la question soit jugée sans appel, même en reconnaissant franchement qu'à l'heure présente le mécanisme des transformations nous échappe totalement, estimons-nous qu'il serait imprudent, pour un apologiste, de prendre, vis-à-vis du principe même de l'évolution, l'attitude agressive et intransigeante, que très souvent on a cru devoir adopter.

∗ ∗ ∗

Enfin, nous permettra-t-on de signaler un autre devoir auquel l'apologiste est particulièrement tenu, s'il veut faire œuvre féconde ? c'est de s'inspirer de cette sérénité qui devrait toujours présider au travail scientifique, et dont il n'est pas bon de s'écarter, même sous prétexte de donner libre cours à une légitime indignation. Les bonnes raisons n'ont pas besoin de s'exprimer en paroles violentes, et les arguments péremptoires ne gagnent rien à revêtir une forme passionnée ou provocante.

Quand on réfléchit à la puissance des malentendus que peuvent créer entre les hommes de simples différences d'éducation intellectuelle, et comme quoi ce qui paraît tout naturel aux uns peut parfois sembler exorbitant aux autres, on se sent mieux disposé, non à une complaisance qui pourrait être coupable, mais à une modération dont l'effet persuasif vaudra généralement mieux que celui de coups trop rudement assénés.

A cet égard, nous demanderons à la science elle-même un enseignement que nous avons déjà fait valoir en parlant du principe de la moindre action.

On a vu que les combinaisons stables étaient celles dont la production était accompagnée du plus grand développement de chaleur. Cette puissante manifestation de l'affinité satisfaite contient une leçon qu'il serait salutaire d'appliquer dans le domaine des intelligences et des âmes. L'apologiste ne se contente pas de défendre son bien propre, il aspire à en procurer la jouissance à d'autres, en aussi grand nombre que possible. Comment réaliserait-il cet accord désirable, s'il empruntait les procédés des doctrines de haine, comparables aux explosifs, dont elles provoquent si souvent l'usage, et qui, destinés à la destruction, sont tous engendrés avec absorption de chaleur?

Nous qui voulons construire et rassembler, c'est aux pratiques de réchauffement et d'amour qu'il faut demander des leçons, parce que seules elles sont créatrices de la paix et de l'équilibre. Peut-être nos adversaires ne nous en sauront-ils aucun gré. Du moins, par cette conduite, échapperons-nous au reproche d'avoir fait échouer des conquêtes possibles, en négligeant d'entourer notre effort de la chaude atmosphère où se préparent les rapprochements féconds.

A ceux que pourrait étonner cette extension au domaine moral du résultat des observations faites sur la matière, nous pourrions répondre que la frappante unité de la Création autorise et même recommande l'évocation de ces expériences où se révèle sans trouble la Sagesse ordonnatrice. Aussi, une fois entré dans cette voie, ne craindrons-nous point d'y faire un pas de plus, auquel des souvenirs personnels nous invitent tout particulièrement; car le présent travail a vu le jour dans l'établissement même où notre collègue, M. Branly, a réalisé les expériences d'où devait sortir la plus remarquable des applications scientifiques de l'époque, la télégraphie sans fil.

On connaît le principe de cette découverte : une poussière métallique, inerte par elle-même, devient conductrice du courant dans lequel elle est interposée, lorsqu'une puissante ondulation électrique la traverse. A ce moment le courant passe et développe tous les effets que paralysait l'incohérence de la matière, aussi longtemps qu'un choc brusque ne vient pas détruire le bon effet produit. Toutes les forces localisées peuvent ainsi être mises au service d'une impulsion unique qui sait à son gré transmettre la pensée à toute distance, et commander ou arrêter n'importe quel mécanisme.

Or la société humaine est aussi trop souvent une poussière, soit qu'on ait négligé d'en rapprocher les éléments, soit qu'on ait mal à propos détruit la cohésion que les siècles leur avaient donnée. C'est en s'inspirant des ondes *hertziennes* qu'on peut réparer ce dommage. Où réside la source de cette électricité victorieuse, qu'aucune distance n'effraie, de ce frisson qui unit les poussières dans une même vibration, capable de mettre en jeu pour le bien toutes les énergies latentes ? C'est de la Judée qu'elle s'est répandue sur le monde il y a dix-neuf siècles, et depuis lors il est au pouvoir de chacun de venir s'y abreuver. Combien la tâche de l'apologiste serait facilitée, si cette source d'énergie bienfaisante vivifiait toujours ses efforts !

§ 2. — *Les droits de l'apologiste.*

L'apologiste n'a pas seulement à défendre des positions attaquées. A l'occasion, c'est son droit et même son devoir de prendre résolument l'offensive, et d'aller chercher, sur le terrain où il leur a convenu de se placer, ceux qui se font des choses scientifiques une arme contre nos croyances.

Mais, dans ce cas, on peut dire que ce n'est pas à la science même que l'apologiste aurait affaire ; c'est à ses représentants, ou du moins à ceux qui se disent tels. Relever les inexactitudes qu'ils commettent, signaler les contradictions, les inconséquences, au besoin les incohérences de leurs systèmes, tel est son droit incontestable.

Ce droit, il convient de l'exercer en premier lieu contre les trop nombreux réformateurs, se disant affamés de positivisme, qui émettent la prétention de donner ce qu'ils appellent des bases exclusivement scientifiques à l'organisation intégrale de la société humaine. Si encore, fidèles à la méthode d'observation, source unique de nos connaissances extérieures, ils cherchaient à s'inspirer avant tout de l'expérience des générations successives ! Mais ce n'est pas ainsi que procèdent les jacobins scientifiques. Ils sentent trop bien que la méthode vraiment expérimentale, celle dont Le Play a fait un si fructueux usage, condamnerait leurs prétentions oppressives et leur imposerait pour le moins des ménagements qu'ils sont résolus à ne pas garder.

Si quelques-uns d'entre eux, pour étayer leurs systèmes socialistes, aiment à proclamer que tout être en naissant est le débiteur obligé de ceux qui ont travaillé, pensé et souffert avant lui, c'est pour le dispenser aussitôt de tout respect à l'égard de ces ancêtres, dont le culte ne serait bon que pour les races jaunes. Au contraire, on veut lui apprendre à mépriser, à renier tous les héritages du passé, à en méconnaître, parfois à en maudire toutes les gloires, à en effacer la trace sur les monuments comme dans les mémoires, pour faire dater l'histoire du jour où une bande d'énergumènes a imaginé de faire table rase de tout ce qui avait précédé son avènement.

Ces gens qui ne veulent pas de dogmes, et épiloguent sur les axiomes des sciences, en réclamant d'eux le certificat de leur origine expérimentale, bâtissent des systèmes *à priori*, dont toutes les définitions ont cela de caractéristique, qu'elles sont contraires à l'expérience acquise. Leurs modèles, on les trouve dans l'auteur du *Contrat Social*, et mieux encore dans ces ancêtres politiques, qui proclamaient (pour les mieux violer d'ailleurs) les *Droits de l'Homme*, comme si l'homme naturel était partout identique. De la même façon, ils décrétaient un calendrier universel, sans s'inquiéter de savoir si vendémiaire dirait quelque chose aux pays qui ne produisent pas de vin, ou frimaire à ceux qui ne connaissent pas les frimas, ou thermidor aux populations que la gelée visite juste à l'époque où notre hémisphère souffre de la chaleur.

A ceux donc qui ne tiennent nul compte des

besoins historiques de l'âme humaine, et affectent de ne connaître que ce qui peut se mettre en équations, nous avons le droit de demander ce qu'ils entendent par une organisation scientifique de la société.

Cela veut dire, sans doute, que le monde doit être gouverné comme une exploitation industrielle ou commerciale savamment conduite ; que l'Etat, souverain juge, éclairé d'ailleurs par l'universelle institution du système de renseignements dont on a vu récemment la belle application, définirait à chacun sa capacité pour lui assigner le rôle social correspondant ; que, dans l'intérêt de la race humaine, il devrait être procédé pour sa reproduction suivant les règles usitées pour sélectionner les animaux domestiques, ce qui simplifierait grandement le rôle de la famille ; que toute non-valeur est nuisible et qu'ainsi on doit se débarrasser des vieillards et des infirmes, comme on sacrifie un arbre qui ne produit plus de fruits ; que l'affection, le dévouement, l'honneur, la délicatesse, sont des résultats surannés d'une éducation faussée par mille préjugés ; que les passions humaines ne doivent avoir d'autre frein que celui de lois basées sur les convenances de la majorité qui les édicte ; enfin que le seul principe général ayant le droit de prévaloir dans les coutumes et les lois serait celui, si complaisamment affirmé de nos jours, de la *Solidarité* humaine?

Mais que peut bien signifier cette solidarité, en dehors de la notion d'une commune origine et d'une même destinée promise à tous? En fait de destinée, les ennemis scientifiques de nos croyances n'en proposent qu'une : le retour au néant. A la vérité, ils nous offrent comme appât la consolation de penser que les souffrances d'une génération serviront à accroître les jouissances de la génération suivante, et ainsi indéfiniment. Mais où s'arrêtera cette progression? Qu'adviendra-t-il, quand notre monde sera trop peuplé, ou quand le soleil, dont l'activité ne saurait être éternelle, cessera de nous envoyer sa lumière et sa chaleur?

Faudra-t-il élargir encore la notion d'*altruisme* en l'étendant au système entier des étoiles? Fera-t-on miroiter à nos yeux, comme compensation suffisante aux souffrances endurées, qu'un jour peut venir où notre système solaire, depuis longtemps refroidi et privé de toute vie, heurtera dans sa course quelque autre système non moins mort, pour que de ce choc jaillisse une nouvelle provision d'énergie, source de nouvelles existences? Est-ce avec de telles perspectives qu'on espère faire accepter aux hommes les inévitables misères de leur condition, et ne voit-on pas que s'ils venaient à être convaincus que c'est là tout leur avenir, rien ne pourrait plus arrêter l'élan sauvage avec lequel chacun se précipiterait sur les jouissances immédiates qui seraient à sa portée?

De plus, comment osent-ils prononcer le mot de solidarité, ceux qui se plaisent chaque jour à affirmer la descendance animale de notre espèce? S'ils sont de bonne foi dans leurs déductions de zoologistes, comment peuvent-ils faire dériver tous les hommes, blancs, noirs, jaunes et rouges, d'une même souche anthropoïde, à moins de l'aller chercher dans ces temps géologiques reculés où les vertébrés étaient tout à la fois, par quelqu'un de leurs organes, articulés, poissons, amphibies, reptiles, oiseaux ou mammifères? Et dans ce cas, pourquoi y aurait-il entre les hommes plus de solidarité qu'il n'en existe entre les loups et les moutons, les lions et les gazelles, les requins et les autres habitants des mers?

Quelle aberration de prononcer un tel mot, à l'égard d'un ensemble d'êtres qu'on prétend ne séparer à aucun degré de la série animale, alors que, dans celle-ci, une science délibérément fermée à toute notion surnaturelle s'applique à nous montrer partout à l'œuvre la concurrence vitale, la lutte pour l'existence, l'impitoyable écrasement des faibles par les forts!

Ce n'est pas tout de vouloir tailler dans nos croyances; il faut encore se montrer capables de coudre quelque autre chose; et, en vérité, quand le vêtement qu'on nous offre est à ce point défectueux, nous sommes bien fondés à préférer le nôtre !

Il faut convenir d'ailleurs qu'à divers égards, le moment actuel serait particulièrement mal choisi pour préconiser l'unique emploi, dans le gouvernement des choses de ce monde, de ce que les positivistes appellent la méthode scientifique. Ne venons-nous pas d'assister à l'irrémédiable déconvenue des doctrines où l'on croyait avoir si bien fixé les lois de la production et de la consommation des richesses? Si encore la confiance des théoriciens de l'ancienne Economie Politique n'avait été troublée que par les revendications, de plus en plus sauvages, des masses affamées de jouir, et de moins en moins capables de comprendre la liberté ! Mais c'est de la forteresse même du libre-échange qu'est venue la désillusion. On a pu voir, par l'évolution survenue de l'autre côté du détroit, comme sur la rive opposée de l'Atlantique, ce que pesaient, en face d'intérêts alarmés, les principes si hautement affirmés autrefois.

Pourquoi ces retentissants échecs, sinon parce que, beaucoup trop détachée de toute espèce d'idéal, l'Economie politique traditionnelle avait, par surcroît, commis la même faute que la mécanique classique? Elle avait spéculé sur l'inertie des molécules, au lieu de tenir suffisamment compte de leurs énergies propres! Surtout, elle ne s'était pas assez préoccupée de cette chaude atmosphère, dont il faut envelopper les efforts qui veulent être féconds, et que des raisonnements scientifiques, fussent-ils impeccables, ne sauront jamais remplacer. Précisément c'est cette source bienfaisante de chaleur que les politiciens, dans leur aveuglement, s'appliquent chaque jour à tarir, et ils osent pour cela se réclamer de la science !

Au contraire, c'est au nom de la science bien comprise que nous devons condamner leurs méthodes, et c'est notre droit strict de leur demander un compte sévère des destructions qu'ils opèrent, quand leur impuissance est si manifeste à remplacer ce qu'ils suppriment. Quand on répète si orgueilleusement : « *Ceci* tuera *cela* », il faut garantir au préalable que ceux qui se nourrissaient de *cela* trouveront dans *ceci* une alimentation suffisante. Or quelle satisfaction réserve-t-on à leurs légitimes appétits? Par quelle nourriture soi-disant rationnelle prétendrait-on remplacer les mets excellents et sains qui ont suffi à tant de générations?

Interrogeons ceux qui, non suspects de préjugés, ont voulu voir face à face ce qu'on appelle la vérité scientifique. Du fond des choses, ils nous défendent de rien connaître. Contre tout essai d'images représentatives, on cherche à nous mettre en continuelle défiance. Des équations différentielles! voilà tout ce qu'on offre en pâture à la curiosité de notre esprit. Encore ordonne-t-on de se contenter des résultats, sans trop approfondir les notions qui ont servi à les établir, et autour desquelles on accumule des nuages de plus en plus épais.

Un mystère complet plane sur les origines; un mystère encore plus grand enveloppe les destinées. A quiconque voudrait un peu de lumière sur l'au-delà, on offre cette unique satisfaction, de se savoir partie intégrante d'une énergie universelle dont la conservation totale est assurée... pourvu que le principe sur lequel repose cette confiance ne soit pas lui-même une pure illusion; ce dont aucun ne saurait répondre.

Tout cela, nous avons le droit de le dire et même de le crier bien haut; non certes pour jeter le moindre discrédit sur l'ordre scientifique en général; mais pour empêcher qu'on abuse des enseignements de la science, en leur faisant dire juste le contraire de ce que nous nous plaisons à y apercevoir; car, encore une fois, c'est le fétichisme inopportun que seul nous avons en vue. Nous voulons bien honorer un icone; il ne nous plaît pas de nous prosterner devant une idole.

Si quelque chose encore devait nous fortifier dans ce sentiment, ce serait le spectacle douloureux des récentes incursions du positivisme sur le domaine de la morale. N'a-t-on pas vu naguère, le nom de l'un des plus hauts dépositaires du pouvoir en matière d'enseignement public servir d'enseigne à un livre dont l'auteur tente, sous le nom mal justifié de « morale scientifique » une transformation qui, de son aveu, consisterait simplement à créer un « art moral rationnel (1) » ?

Art et morale! deux mots qui hurlent de se trouver accouplés, à cette époque où toutes les soi-disant manifestations artistiques, celles de la peinture, de la sculpture, de la poésie, de la musique même, du roman, du théâtre, du salon ou de la rue, ne sont plus que d'audacieuses provocations au dévergondage, étalées sous l'œil bienveillant d'une police dont la vigueur se ménage, attendant qu'on la réquisitionne contre les processions religieuses et la paix des cloîtres.

Qu'est-ce donc que cet art moral, et comment va le définir son inventeur ? Plus de souverain bien ; plus de responsabilité individuelle ; mais une sorte de statistique de l'état social du moment et du lieu, destinée à suggérer ce qui

---

(1) BAYET, *La morale scientifique*.

conviendrait le mieux, à l'heure présente, pour « rendre service » à la société et lui procurer « un peu plus de bonheur ». Quant à l'individu lui-même, il n'en est pas question. Sa vie intérieure est le « jardin secret » qu'il peut cultiver à son aise et même laisser en friche, pourvu que l'intérêt collectif n'en soit pas choqué.

Encore une façon de manifester l'aversion ou l'indifférence pour les *molécules* du corps social, en bornant tout son effort à considérer l'énergie totale (ou pour mieux dire la jouissance totale) de ce dernier ! Quel douloureux symptôme de l'état d'esprit de notre époque, que cette abdication sereine de toute aspiration élevée, de toute recherche de l'idéal, de tout souci à l'égard de l'individu ! Comme si la société n'était pas ce que la font ses membres, comme si son *potentiel* n'était pas l'intégrale nécessaire de tous les potentiels élémentaires ; de sorte qu'en abaissant chacun d'eux on inflige à l'ensemble la diminution la plus funeste.

*
* *

Arrivé au terme de ces considérations, peut-être ne sera-t-il pas hors de propos de prévoir un reproche qui pourrait nous atteindre, si quelques-uns s'étaient attendus à trouver ici des réponses plus décisives, des arguments plus foudroyants contre les objections faites à nos croyances.

A ceux-là nous répondrions qu'ils oublient une chose : c'est que, si la vérité religieuse était susceptible d'une démonstration purement rationnelle, il y a longtemps que, parmi les hommes civilisés, l'accord devrait être fait sur ces matières, comme il l'est (et encore peut-on dire qu'il le soit pleinement ?) sur les théorèmes de l'algèbre et de la géométrie. La foi cesserait d'être un mérite, accessible aux âmes de bonne volonté, pour devenir une obligation indiscutable, s'imposant à tous ceux dont l'esprit est exempt d'un vice de conformation.

Ce qu'on doit demander à l'apologétique, ce n'est pas de rendre la foi inutile ; c'est de fournir les motifs du *rationabile obsequium*, sur lequel la vertu de foi doit être fondée. C'est ce que nous nous sommes efforcé de faire ici, en cherchant à établir l'esprit de la vraie science, pour la montrer partout imprégnée des notions d'ordre, de perfection, d'idéal et d'infini. Nous avons essayé de prouver que, précieuse par les armes qu'elle nous fournit pour mettre à notre service les puissances de la nature ; plus belle encore quand elle s'attache à nous faire comprendre l'ordre et l'harmonie de la Création ; enfin profondément bienfaisante quand elle nous assouplit aux disciplines intellectuelles, en revanche elle échoue toujours à pénétrer l'essence même des choses, qui semble lui échapper de plus en plus à mesure qu'elle croit s'en rapprocher.

D'autre part, son impuissance à résoudre les problèmes de l'âme est encore plus manifeste ; et la prétention, que pourraient avoir ses interprètes, de mettre ces problèmes en équations ou même d'y porter quelque lumière, est suffisamment condamnée pour qui sait regarder les résultats obtenus. Combien d'ailleurs les méthodes de ceux qui s'y hasardent sont éloignées de celles de la vraie science ! Au lieu de cette ascension constante, qui des recettes collectionnées en vue des arts manuels, a conduit peu à peu l'intelligence aux suprêmes abstractions dont les rapports font connaître les lois par lesquelles le monde est gouverné, c'est un abaissement continu qu'on nous propose, accompagné d'un renoncement total aux grands horizons sur lesquels on aimait à garder les yeux fixés.

La source de cette aberration n'est autre que l'intellectualisme poussé à outrance. Or l'intelligence n'est pas l'unique faculté de l'homme. Le cœur a sa part à revendiquer, et ce n'est pas « faire du sentiment » que de vouloir la lui maintenir. L'affection, le dévouement, l'honneur, le sacrifice, ne se démontrent ni ne s'enseignent par des formules ; et cependant nous avons le sens inné que ce sont choses bien plus belles et plus nobles que tous les résultats du haut savoir. Il n'y a qu'une manière à nos yeux de les traiter scientifiquement : c'est d'y appliquer les conceptions générales que les sciences mettent en lumière, c'est-à-dire d'y poursuivre les idées d'ordre, d'harmonie, d'idéal et de discipline, encore mieux à leur place dans ce domaine que dans celui de la matière.

Si l'on veut s'inspirer de cette méthode, nous sommes tranquille sur le résultat. Nous savons d'avance où peut se trouver la réalisation intégrale de ces superbes concepts ; c'est là où, par un effort systématique pour élever la nature humaine au-dessus d'elle-même, on réussit à faire taire à la fois l'orgueil et la concupiscence, les principaux, à vrai dire les seuls ennemis de toute foi. Il faut pour cela pénétrer franchement dans ce temple, au fronton duquel est inscrit le précepte fondamental « Aimez-vous les uns les autres », et où, non content de l'enseigner en paroles, on excelle à fournir du même coup, par d'admirables institutions que les siècles ont consacrées, les moyens pratiques de se retremper sans cesse dans l'esprit de sacrifice et de lutte contre soi-même.

Tels sont les motifs de notre *obéissance raison-*

nable. Qu'on nous permette en terminant de les placer sous l'égide des grands noms de la science, en rappelant que ceux qui l'ont le plus honorée, les Képler, les Pascal, les Newton, les Ampère, les Cauchy, les Hermite, les Pasteur, n'ont jamais pensé que de leurs découvertes pût sortir un affaiblissement quelconque des convictions profondes dont ils se sentaient animés. Plus leurs connaissances s'étendaient et plus ils se sentaient envahis par un double sentiment : d'une part une admiration, pénétrée de gratitude, pour la beauté de l'œuvre dont les détails se révélaient à eux ; de l'autre une modestie croissante, motivée par la trop évidente disproportion du savoir présentement acquis avec l'immensité des problèmes que chaque découverte nouvelle fait inévitablement surgir.

TABLE DES MATIÈRES

	pages
Préface.	1
Introduction.	5

CHAPITRE I
Les conceptions de la géométrie

§ I. Les concepts de l'étendue.	13
§ II. L'origine des axiomes géométriques.	24
§ III. Les géométries non-euclidiennes.	41

CHAPITRE II
La science des nombres et la mécanique

§ I. La science des nombres.	59
§ II. Les fondements de la mécanique.	73

CHAPITRE III
Les sciences d'observation

§ I. Le rôle des sciences d'observation.	92
§ II. La méthode dans les sciences physiques.	101

CHAPITRE IV

L'ordre dans la création
Le Principe de la moindre action.

§ I. L'ordre et l'harmonie dans le monde. . . . 111
§ II. Le principe de la moindre action. 140

CHAPITRE V

Les notions d'origine et de fin
La finalité dans le monde

§ I. Les notions d'origine et de fin. 164
§ II. La finalité dans le monde. 182

CHAPITRE VI

L'évolution des doctrines scientifiques

§ I. Considérations générales. — Les sciences exactes 213
§ II. L'astronomie et la physique. 218
§ III. Les doctrines de la chimie 230
§ IV. Les sciences naturelles. 241
§ V. La marche vers l'unité dans la science moderne. 260

CHAPITRE VII

Les devoirs et les droits de l'apologiste
en matière scientifique

§ I. Les devoirs de l'apologiste. 271
§ II. Les droits de l'apologiste. 287

Imprimerie Joseph Téqui, 70, Avenue du Maine, Paris.

Librairie **BLOUD & C**ⁱᵉ, *rue Madame, 4, Paris* (6ᵉ)

Vie et Pontificat de Sa Sainteté Léon XIII, par M. l'abbé Joseph GUILLERMIN, membre de l'Académie pontificale des Arcades. *Avec Lettre-Préface de S. G. Mgr Arnaud, évêque de Fréjus et Toulon.* — 2 beaux vol. in-8 avec portrait. — Prix : 8 fr.; *franco en gare* **8 fr. 60**.

« L'ouvrage de M. Guillermin est la synthèse la plus lumineuse qui ait encore été donnée au public de ce long règne d'un pape ayant remué tant d'idées et touché à tant de choses. Chaque fait, chaque encyclique, chaque jubilé vient à sa vraie place, avec encadrement naturel des événements et des hommes.

« Les premiers chapitres, sans faire oublier *la Jeunesse de Léon XIII*, par M. Boyer d'Agen, et les derniers, sans faire tort au *Léon XIII intime* de J. de Narfon, contiennent tout ce qui peut intéresser la masse des lecteurs sur ces parties secondaires. On entre dans le vif du sujet avec *le Conclave, le Couronnement, les premières réformes et les premières directions*. Dès lors les chapitres se succèdent, embrassant chacun une question et la traitant à fond. On pourrait en tirer sans effort une série de conférences documentées et agréables sur *Léon XIII et saint Thomas d'Aquin, les Églises d'Orient, la Belgique, l'Italie, la France, l'Allemagne, la Russie, la Franc-Maçonnerie, la Question romaine*, etc. Je n'indique pas ici la moitié des sujets. Ceux qui m'ont semblé les plus riches en épisodes dramatiques sont la *Fin du Kulturkampf, Léon XIII et l'esclavage*.

« La physionomie qui se détache de cet ensemble d'études est bien celle que le correspondant d'un grand journal protestant anglais dépeignait ainsi : « La figure de Léon XIII, « comme son corps, sont d'une apparence ascétique et so- « lennelle, et répondent réellement à l'idée qu'on peut se « faire du *Souverain Pontife*. C'est bien l'ensemble à la fois « majestueux et solennellement inspiré du souverain et « du pontife. » Et cette physionomie magnifique, M. l'abbé Guillermin l'a dessinée en historien et en prêtre. »

Henri CHÉROT (*Études religieuses*).

L'Abbé de Broglie, *sa Vie, ses Œuvres*, par le R. P. LARGENT, prêtre de l'Oratoire, professeur à l'Institut catholique de Paris. Ouvrage précédé d'une lettre de S. Em. le cardinal PERRAUD, évêque d'Autun, et d'une lettre de M. le duc DE BROGLIE, membre de l'Académie Française. 1 beau vol. in-8 avec portrait. 2ᵉ édition. Prix **4 fr.** *franco*.................................. **4 fr. 50**

Henri Lasserre. *sa Vie, sa Mission, ses lettres,* papiers et documents inédits, par Louis COLIN. — 1 vol. in-18 jésus avec portrait et gravure. 3ᵉ édition. — Prix : **3 fr. 50**; *franco* .... **4 fr.** »

« La vie d'Henri Lasserre, a écrit M. Joseph Adam dans les *Etudes Religieuses*, est une des belles vies que je connaisse. M. Louis Colin nous la raconte avec beaucoup de charme et une chaleur communicative. »

(*Etudes religieuses.*)

L'Allemagne catholique au XIXᵉ siècle. Windthorst (*ses alliés et ses adversaires*), par M. G. BAZIN. — 1 beau vol. in-8 avec portrait. 4ᵉ édition. — Prix.... **4 fr.** *franco*.. **4 fr. 50**

« Synthétiser en quelques pages la vie d'un peuple, afin de préparer au lecteur la connaissance du pays et des événements contemporains, grouper ces faits autour d'un homme qui personnifie, en Allemagne, la résistance du droit contre la force, la justice contre l'arbitraire, la liberté contre la tyrannie : c'est tout le plan du nouvel ouvrage de M. Bazin. Chez nous comme en Allemagne, le danger est terrible; pourquoi dans les mêmes périls n'avons-nous pas les mêmes défenseurs ? »

(*Revue bibliographique et littéraire.*)

Le Père Gratry (1805-1872). — *L'Homme et l'OEuvre*, d'après des documents inédits, par le R. P. CHAUVIN, Supérieur de l'Ecole Massillon. — 1 vol. in-8 écu de 448 pages, orné d'un beau portrait. Prix : **5 fr.**; *franco* .... **5 fr. 50**

Ouvrage couronné par l'Académie française

(Prix Guizot)

L'exposé et la discussion de l'originale philosophie du P. Gratry ne risquaient point de paraître arides avec un écrivain comme le P. Chauvin. Ils s'encadrent naturellement dans le récit biographique, fécond en événements, et dont l'intérêt s'augmente singulièrement par l'étude du milieu si intellectuel et si divers dans lequel vécut le P. Gratry.

Le Positivisme chrétien, par André Godard. 1 beau vol.
in-8º, 4ᵉ édition. Prix . . . .   5 fr.
franco . . . .   5 fr. 50

M. François Coppée. — « ... Je signalerai, comme m'ayant paru absolument nouvelle et d'une saisissante originalité, sa théorie du miracle et son étude sur certains phénomènes surnormaux... L'auteur, sans abandonner jamais un raisonnement d'une inflexible rigueur, emprunte çà et là à ses adversaires leur arme préférée, l'étincelante, et froide ironie, qu'il manie avec une incomparable maîtrise...

« Ce beau et excellent livre, qu'on ne saurait trop recommander et répandre, fera le plus grand bien, j'en suis assuré, et ramènera bien des âmes au christianisme... »

Introduction scientifique à la Foi chrétienne, par Pierre Courbet. *Nouvelle édition revue et considérablement augmentée.* 1 beau volume in-8. Prix **4 fr.**; *franco* **4 50**

La génération actuelle est nourrie et imbue de science. C'est pourquoi les démonstrations théologiques ne la touchent que par leur conformité avec cette dernière. Aussi les modernes défenseurs de la foi s'efforcent-ils d'établir la non-contradiction des dogmes religieux et des vérités scientifiques. Tel est aussi, d'une manière générale, le but que s'est proposé l'auteur du présent ouvrage. Mais, à l'inverse des apologistes de profession, son point de départ est la science, et la foi est son point d'arrivée. L'originalité de cette démarche fait toute celle du livre. Une culture spéciale la rendait possible à l'auteur, alors qu'elle est difficilement réalisable pour le théologien. Aussi est-ce avec l'espoir de rendre quelques services à ce dernier, non point certes par une supériorité dogmatique, mais par un tour personnel et si l'on ose dire une « mentalité » typique que M. Courbet, savant polytechnicien, a entrepris ce travail avec la certitude en tout cas d'être utile aux gens du monde dont la formation est proprement scientifique, et pour qui cette formation même est une cause d'hésitation et de doute.

Opposition de la fausse science avec la vérité religieuse, harmonie parfaite de cette dernière avec la science certaine, c'est tout le livre du savant auteur.

Arcelin (A.). — **La dissociation psychologique.**
Etude sur les phénomènes inconscients dans les états normaux et pathologiques. — 1 vol in-8. Prix : **2 fr. 50**;
franco... **3 fr.**

Le Merveilleux divin et le Merveilleux démoniaque, par le R. P. D. Bernard-Marie Maréchaux, bénédictin de la Congrégation Olivétaine, 1 beau vol. in-8°. Prix : **5 fr.**; *franco*. **4 50**

Ouvrage approuvé par sa Grandeur Mgr de Pélacot, *évêque de Troyes.*

Nous ne saurions mieux relever l'importance du livre de D. Bernard Maréchaux que par l'extrait suivant de la lettre approbative de S. G. Mgr de Pélacot, évêque de Troyes.

« Appuyé sur la vraie notion de l'homme, telle que l'explique admirablement saint Thomas, vous avez su reconnaître, dans les phénomènes extraordinaires qui sollicitent de nos jours l'attention publique, ce qui n'excède pas les forces naturelles de l'âme, et ce qui doit être attribué sans contestation possible, à l'action de puissances supérieures, bonnes ou mauvaises.

« Vous avez ensuite exposé, avec toute la netteté désirable, les signes caractéristiques au moyen desquels l'œuvre de Dieu et des bons anges se distingue de l'œuvre des démons.

« Enfin, pénétrant plus avant dans la mystique proprement dite, vous avez étudié les merveilles de tout genre que Dieu opère, quand il lui plaît, dans l'âme et même dans le corps des saints.

« Toutes ces notions trop souvent méconnues, ont été si parfaitement élucidées par vous, que vos travaux, je n'en doute pas, feront désormais autorité dans la matière.

La Pacification intellectuelle par la liberté, par M. l'abbé G. Canet, chanoine titulaire de la cathédrale d'Autun, docteur en philosophie et ès lettres de l'Université de Louvain, ancien professeur de théologie dogmatique au Grand Séminaire de Lyon. — 1 beau et fort volume in-8°. — Prix : **6 fr.**; *franco*. . . . **6 fr. 50**

Les Missions anglicanes, par le R. P. Ragey, mariste. Ouvrage précédé d'une lettre-préface de Mgr Le Roy, évêque titulaire d'Alinda, et honoré d'une lettre de Son Em. le cardinal Coullié. — 1 vol. in-18 jésus. — Prix : **2 fr. 50**; *franco* . . . . **2 fr. 75**

Imp. Joseph Téqui, 70, av. du Maine, Paris

BLOUD & Cie, Éditeurs, 4, rue Madame. — Paris (6e)

Nouvelle Collection

ÉTUDES DE PHILOSOPHIE
ET DE CRITIQUE RELIGIEUSE

SÉRIE IN-16

Gayraud (abbé), député du Finistère. — **La Crise de la Foi, ses causes et ses remèdes.** 3e édition. 1 volume. Prix : 2 fr. ; franco . . . . 2 fr. 25

Godard (André). — **La Vérité religieuse**, 3e édition. 1 vol. Prix . . . . 3 fr. 50

Nouvelle (A.), ancien supérieur général de l'Oratoire.—**L'Authenticité du quatrième Evangile et la Thèse de M. Loisy.** 1 vol. Prix : 2 fr. ; franco . . . . 2 fr. 25

SÉRIE IN-8

Arcelin (Adrien). — **La Dissociation psychologique.** Étude sur les phénomènes inconscients dans les états normaux et pathologiques. 1 volume. Prix : 2 fr. 50 ; franco . . . . 3 fr.

Bernies (V. L.), docteur agrégé de philosophie, docteur en théologie. — **Spiritualité et Immortalité de l'âme humaine.** 1 vol. Prix : 5 fr. ; franco . . . . 5 fr. 50

Canet (G.), docteur en philosophie et ès lettres de l'Université de Louvain, ancien professeur de théologie dogmatique au grand séminaire de Lyon. — **La Pacification intellectuelle par la Liberté.** 1 vol. Prix : 6 fr.; franco 6 fr. 50

Courbet (Pierre). — **Introduction scientifique à la Foi chrétienne.** Nouvelle édition, revue et considérablement augmentée. 1 vol. Prix : 4 fr. ; franco . . . . 4 fr. 50

Godard (André). — **Le Positivisme chrétien.** 4e édition. 1 vol. Prix : 5 fr. ; franco . . . . 5 fr. 50

Maréchaux (R. P. Bernard-Marie), bénédictin de la Congrégation Olivétaine. — **Le Merveilleux divin et le Merveilleux démoniaque.** 2e édition. 1 volume. Prix : 5 francs ; franco . . . . 5 fr. 50

N. B. — *Cette collection paraît en deux séries à prix divers ; une série grand in-16 et une série in-8.*

Envoi gratuit du Catalogue

www.ingramcontent.com/pod-product-compliance
Lightning Source LLC
Chambersburg PA
CBHW060413170426
43199CB00013B/2124